跨越"明斯基时刻"

孙芙蓉　秦凤鸣　著

中国金融出版社

责任编辑：吕　楠
责任校对：孙　蕊
责任印制：裴　刚

图书在版编目（CIP）数据

跨越"明斯基时刻"/孙芙蓉，秦凤鸣著．—北京：中国金融出版社，
2019.11

ISBN 978 – 7 – 5220 – 0240 – 8

Ⅰ.①跨…　Ⅱ.①孙…　②秦…　Ⅲ.①金融危机—研究　Ⅳ.①F830.99

中国版本图书馆 CIP 数据核字（2019）第 176471 号

跨越"明斯基时刻"
Kuayue "Mingsiji Shike"

出版
发行　中国金融出版社

社址　北京市丰台区益泽路 2 号
市场开发部　（010）63266347，63805472，63439533（传真）
网 上 书 店　http://www.chinafph.com
　　　　　　　（010）63286832，63365686（传真）
读者服务部　（010）66070833，62568380
邮编　100071
经销　新华书店
印刷　保利达印务有限公司
尺寸　169 毫米×239 毫米
印张　10.5
字数　173 千
版次　2019 年 11 月第 1 版
印次　2019 年 11 月第 1 次印刷
定价　68.00 元
ISBN 978 – 7 – 5220 – 0240 – 8
如出现印装错误本社负责调换　联系电话(010)63263947

前　言

2007 年美国的次贷危机发生之前，人们从未如此热烈地讨论过"明斯基时刻"（Minsky Moments），因为那似乎仅仅是美国经济学家海曼·明斯基（Hyman Minsky）所描述的一个资产价值崩溃的瞬间。明斯基于 1996 年离开这个世界，他的思想由他的弟子们广为传播。

当人们惊诧于似乎健全的美国金融体系凸显脆弱之时，"明斯基时刻"一词铺天盖地而来。翻阅文献，2008—2009 年关于"明斯基时刻"的讨论连篇累牍。那时，1998 年亚洲金融危机的余惊未消，人们却再一次震撼于全球性的"金融大萧条"。时至今日，又一个十年过去了，回望来路，那些惊心动魄的时刻足以引起金融界、政界、学术界以及产业界的反思。2018 年，很多论坛都对此进行了专题讨论。例如，在 4 月博鳌亚洲论坛上，曾有一个主题为"金融的风险：'黑天鹅'与'灰犀牛'"的分论坛，这里所提及的"黑天鹅"与"灰犀牛"是对"明斯基时刻"的另一种诠释，隐喻着金融体系的复杂性，金融风险无处不在，人们需警钟长鸣。

呈现在读者面前的这些文字是笔者学习和思考上述问题的读书笔记，其中一些想法曾见诸报纸杂志。在这本小册子的写作过程中，与哲人们和那些关心中国金融的朋友们之间的对话，皆有所获。我们所关心和探索的是与系统性风险和金融稳定有关的话题，包括学术界、金融界、政界等对这些问题的议论、思想和启示。

全球金融与经济发展轨迹中各个领域充斥着不确定性。在一些国家高筑贸易壁垒、政策摇摆不定的国际环境下，新兴经济体的资本流入发生逆转。一如国际货币基金组织（IMF）在 2018 年 10 月《世界经济展望》中所发出的警示：全球增长所面临的下行风险已经显现。乌云当头，历史的教训当铭记。当"明斯基时刻"造访的那一瞬间，金融市场所聚集的泡沫就如同宇宙天体中的黑洞，其引力如此之大，当人们发现时就已经在劫难逃了。资产价格泡沫的破裂导致全球股市遭受重创，主要发达国家或地区经济陷入衰退。据德国中央合作银行（DZ Bank）和贝伦贝格银行（Berenberg Bank）这两家金融机构的研究报告估计，2008 年金融危机的爆发为世界经济带来 3.8 万亿欧元的直接损失，并导致全球经济连续四年年增长率不足 4%，缓慢的复苏持续如此之久也是前所未有的。然而，机遇总会青睐有准备的头脑。识别风险，呼吁防范，并非被动地束手就擒，而是未雨绸缪，寻求更好的机会提高自身的免疫力和竞争力，改变市场预期，成功地跨越有可能发生的"明斯基时刻"。

作者
2018 年 7 月

目　　录

第一篇　央行和货币的重新定位

第二篇　金融体系与监管

第三篇　金融科技创新的理性思考

第四篇　后危机时代的中国金融

绪论：从金融不稳定假说谈起

一个似乎有充分理由而放松管制的市场，加上一个复杂的创新性金融体系，这样的旅程如同箭在弦上，向前，反转，间或因"明斯基时刻"而中断，这就是现实。无可避免，只有基于智慧的判断，置入反周期的监管政策方可促使人类本性的回归。[1]

——麦卡利

2007 年始于美国的次贷危机迅速蔓延至全球性的金融危机，精确地验证了明斯基的金融不稳定假说，即使他的观点依然被认为是缺乏实证经验研究和连贯分析的非系统主张。迄今为止，明斯基金融不稳定假说对危机解释的关键作用得到了众多的认同，包括主流经济学派。

根据明斯基（1992）[2]自己的解释，金融不稳定性假说包含理论和实证两个方面。资本主义经济时常会出现通货膨胀和债务性通货紧缩，后者有难以控制的倾向。在这个过程中，经济体系对于经济活动的反应放大了通货膨胀与债务性通货紧缩的自我循环。政府为遏制经济状况恶化所做的干预在许多情况下是很不适宜的。这种现象与一些古典经济学家所认为的经济体系本身可以自我调节均衡的假设背道而驰。作为一种经济理论，金融不稳定性假说是将凯恩斯的《通论》置于历史发展中，对《通论》的实质做了一个注解。《通论》针对 20 世纪 30 年代大萧条而作，揭示了当时的美国和相似条件的资本主义世界经济。

金融不稳定假说建立在熊彼特 20 世纪 30 年代"大萧条"时对货币与金融的信用观点之上。从狭义上确切地提出这一假说要归功于明斯基本人，主要观点体现在明斯基 1975 年和 1986 年发表的成果中。金融不稳定假说从资

---

[1] Paul Allen McCulley. The shadow banking system and Hyman Minsky's economic journey. Globle Central Bank Focus，May 2009.

[2] Hyman P. Minsky. The Financial Instability Hypothesis. The Jerome Levy Economics Institute of Bard College. May 1992.

本主义经济的特征出发,分析了金融资产和金融体系的复杂性,所关注的经济问题在于资本的发展而不是资源的分配。

"明斯基时刻"

"明斯基时刻"是经济学界对海曼·明斯基(Hyman Philip Minsky)金融与经济理论研究的一个简洁而生动的概括,描绘了一个经济周期中资产价格突然猛烈崩溃的瞬间。这要归功于新凯恩斯经济学流派的保罗·麦卡利①。麦卡利最早用此术语描述1998年的俄罗斯金融危机,当2007年7月美国次贷危机最初爆发时,他再次认定了这一时刻的出现,并将随后在其他国家发生的危机称为"反向明斯基旅程"。在麦卡利看来,美国的住宅市场的表现正是沿着明斯基所解释的信用周期之途开始了一个明斯基旅程(Minsky Journey)。

明斯基于1954年在哈佛大学获得博士学位后执教于布朗大学和圣路易斯华盛顿大学。其思想秉承凯恩斯的传统观点,反对金融市场上私人债务的过度累积,支持政府对金融市场干预,强调美联储作为最终贷款人的重要性,这与20世纪80年代的放松金融管制政策格格不入,有时被称为后凯恩斯主义经济学家(post – Keynesian economist)。然而,那些带有警示性的呼吁一度被淹没在纷繁复杂的金融创新声浪中,人们对明斯基的理论似乎没什么兴趣,直到2007年美国次贷危机发生并传染到全球其他金融市场。

明斯基的金融不稳定假说引起国内学者的兴趣是在2012年,时任中国人民银行行长的周小川在《财经》年会上提出,"明斯基时刻"是资产价值崩溃、危机爆发的时刻,是市场繁荣与衰退之间的转折点。此后引起学术界的热议。其中不乏对"明斯基时刻"这一提法的质疑。实际上,"明斯基时刻"是麦卡利对明斯基所描述的金融不稳定中信用周期模型一种结果的描述,并不会误导对明斯基思想的解读,更谈不上歪曲或贬低他的思想和思想的精髓。采用"时刻""拐点",还是别的什么词汇来描述明斯基的金融不稳定假说并不那么重要,重要的是,如何应对这一时刻的到来。"明斯基时刻"所描绘的场景已经深入人心,在金融界、政界、学术界,在国际金融机构的论坛上,它敲响的是警钟。

这一时刻之所以发生,是因为长期的繁荣增加了投资的价值,从而导致

---

① 保罗·麦卡利(Paul Allen McCulley),美国经济学家,在2007年次贷危机后杜撰了"明斯基时刻"和"影子银行"两个金融术语而广为人知。

大量的投资者借债投机，巨额的债务引发了资金流动性短缺，债权债务链条断裂。与此同时，过度借贷的投资者甚至被迫出售非投机资产还债，对手方无力还价。这种抛售的发端引致市场出清的资产价格一个前所未有的突然崩溃，市场流动性滑落，现金稀缺，"明斯基时刻"到来。这一过程也称之为明斯基信用周期模型，后人又将信用周期扩展为金融周期。

在次贷危机发生之前的美国金融市场上，外国资本的聚集和美联储史无前例的低利率政策，酿造了房地产和股市的巨大泡沫。繁荣呈现时，金融机构的放贷几乎是肆无忌惮的，抵押贷款证券化及信用违约互换诸如此类的金融创新工具取代以往的垃圾债券，为投机者提供了温床，在交易的顶端，投机者获利丰厚，无不欢欣鼓舞。然而泡沫的爆裂紧随其后，那便是验证灾难的"明斯基时刻"，所有的救援都显得微不足道。此时的金融市场如同宇宙天体中的黑洞，其引力如此之大，当人们看到它的时候就已经在劫难逃了。

明斯基信用周期与金融周期

明斯基的信用周期模型可分为五个阶段：信贷扩张、繁荣、陶醉感、获利和恐慌（Cassidy，2010）[①]。外部任何带有刺激性的创新或变化都可以给投资者注入兴奋剂，诸如互联网金融、中央银行货币政策变化的信号和导向，都具有这种效力。

当经济稳定时，投资者甘冒风险，从而引致不稳定的市场，随后是投资者的保守和风险规避行为，直至再度恢复稳定状态，这种循环绵延不断。而且，此类循环的意义已经远远超出了投资经济学领域。尽管这种周期理论和相关实证研究并不完全被主流经济学派所认可。

与明斯基信用周期理论并行发展的是奥地利学派的商业周期循环理论，代表人物是路德维希·米塞斯（Ludwig Mises）和弗里德里希·哈耶克（Friedrich Hayek）[②]。他们认为商业周期起因于央行人为的低利率使得银行信贷超额增长，增加了投资者的资本支出，投资和储蓄增长出现波动并失去平衡，信贷膨胀刺激的繁荣和大量的不正当投资和信贷摩擦所表现的萧条或衰

---

① John Cassidy（2010），"The Minsky Moment – Subprime mortgage crisis and possible recession". The New York Times. Retrieved May 4, 2010.

② 米塞斯和哈耶克对商业周期循环的诠释与明斯基对信用周期的描述相似，但政策主张迥异。前二者均为自由主义思想家，反对政府干预。

退就在超常规的信用创造中发生，随之而来的是货币供给紧缩从而重新分配资源（Milton，1969）[①]。

同样是后凯恩斯学派的经济学家托马斯·帕利（Thomas I. Palley）认为，明斯基的研究成果并没有引起经济学界足够的重视，包括那些同一阵营认同明斯基贡献的经济学家，并没有充分意识到明斯基理论的深刻程度，似乎明斯基仅仅是一位思路狭窄的理论家，专注于金融周期循环而不是有关金融资本主义的系统理论。事实上，明斯基的理论包括传统的中期商业循环和长期循环。明斯基的金融不稳定假说融合了萨缪尔逊（Samuelson）、希克斯（Hicks）的动态中期循环论和熊彼特（Schumpeter）、康德拉捷夫（Kondratieff）的长期商业循环学说，预示着长期波动的趋势，可定名为"明斯基超循环"（Minsky super - cycles）（Palley，2009）[②]。超循环最终导致危机。由金融因素推动的商业循环中，金融危机发生的久期反映了超循环的长波段。超循环表明体系中容纳了更多的金融风险，涉及两个相生相伴的过程，即监管放松和风险承担增加。

明斯基（1992）[③]的金融不稳定假说讨论债务对系统行为的影响及有效的债务方式。与正统的货币数量论相反，金融不稳定假说注重观察银行追逐利润的行为。如同其他资本主义经济中的企业一样，银行或类似的中介机构确信创新可带来利润，无论是作为经纪人还是交易商。经济实体部门的收入—债务关系可标记为三类，即避险、投机和庞氏融资。避险融资是一些可用自由现金流履行合同义务的投资者，在负债结构中产权融资占比越高的，套期保值的可能性就越大。投资性融资者可用负债中的"收入账户"（income account）履行承诺，即使他们无力偿还本金。这类融资需要通过发新债的方式滚动（roll over）负债。庞氏融资者营业中的现金流既不能付息也不可能还本，可出售资产或借款来付息，大大降低了安全系数。如果避险融资占主导地位，经济可寻求一个较好的平衡，维持正常运转。相反，投机和庞氏融资占了上风，就会放大经济偏差。所以金融不稳定假说的第一个定理就是，经济具有稳定的金融体系，融资机制则是不稳定的。

---

① Friedman, Milton (1969). The Monetary Studies of the National Bureau, 44th Annual Report. The Optimal Quantity of Money and Other Essays. Chicago：Aldine.

② Thomas I. Palley (2009). A Theory of Minsky Super - Cycles and Financial Crises. June 2009.

③ Hyman P. Minsky (1992). The Financial Instability Hypothesis. The Jerome Levy Economics Institute of Bard College. May 1992.

金融不稳定假说的第二个定理是，在长期繁荣之后经济从稳定经济状态下的金融关系转向不稳定经济体系下的金融关系，尤其是在长久繁荣之后，资本主义经济倾向于从避险融资占先的金融结构转向更大比重的投机与庞氏融资。如果存在大量的投机性融资，融资部门处于一种膨胀状态，货币当局试图通过货币限制消除膨胀，那么投机性融资就会变为庞氏融资，此前的庞氏融资净值将迅速蒸发，其结果，现金流不足的庞氏融资者被迫卖空头寸，从而引致资产价值的崩溃。金融不稳定假说是一个资本主义经济模型，不依赖于外在的冲击而促成不同的商业周期。假说支持的是，历史上的商业周期是资本主义经济内在的动态性和干预及监管体系的融合，后者旨在维持经济在合理的范围内运行。

实际上，明斯基的金融不稳定假说所阐述的信用周期模型的适用性远远超出了发达的资本主义经济。一个拥有完整金融体系的市场经济体或转型经济体很难游离于信用周期模型甚至是"明斯基超循环"之外。

信用周期所揭示的经济学原理以及对实体经济的影响可以追溯到瑞典货币经济学家克努特·维克塞尔（Knut Wicksell）以及后来的美国经济学家弗里德曼（Milton Friedman），作为货币主义者，弗里德曼强调银行恐慌对美国20世纪20年代大萧条的影响，然而在他们的理论中并没有将金融周期作为与商业周期不同的现象。根据 Hakkarainen（2015）[①]的见解，明斯基的金融不稳定假说对金融市场的分析从狭义上解释了金融周期现象，这是一种突破。繁荣—萧条型（boom – bust style）的金融不稳定在很多国家或地区出现过，显然，这是不同于一般商业周期的。在20世纪80年代前后的实证文献中偶然会出现信用周期或金融周期这样的概念，但在理论上没有展开分析。2008年全球金融危机后的学术探讨中在同样的意义上使用金融周期和信用周期的概念。Dagher（2018）[②]重点讨论与金融周期相对应的监管周期（regulation cycle），认为在大多数情况下监管几乎都是顺周期的，即萧条时强，繁荣时弱，由此提出了超涨超跌周期。金融并非在真空中操作。监管的失败常常是政治的失败，这是因为监管政策所赋予的工具需在政治氛围允许的空间操作。因

---

① Pentti Hakkarainen（2015），Finance cycles and macroprudential tools – the case of Finland within the euro area. at the Seventh High – Level Policy Dialogue of the Eurosystem and Latin American Central Banks Madrid，11 November 2015.

② Jihad Dagher（2018）. Regulatory Cycles：Revisiting the Political Economy of Financial Crises IMF Working Paper. January 2018.

此,监管在多大程度上与当政者的管理哲学吻合,在制度层次上需要做哪些变革,都是值得探究的问题。这关系到宏观审慎监管政策的方向。

中国人民银行发布的《2017年第三季度中国货币政策执行报告》中指出:"国际金融危机促使国际社会更加关注金融周期变化,各国央行也认识到只关注以物价稳定等为表征的经济周期来实施宏观调控显然已经不够,央行传统的单一调控框架存在着明显缺陷,难以有效应对系统性金融风险,在一定程度上还可能纵容资产泡沫,积聚金融风险。"

这是中国央行首次提及"金融周期"①,并定义为由金融变量扩张与收缩导致的周期性波动。表征金融周期两个最核心的指标是广义信贷和房地产价格。这两者之间会相互放大,从而导致自我强化的顺周期波动。当经济周期和金融周期同步叠加时,经济扩张或收缩的幅度都会被放大;否则,两者的作用方向可能不同甚至相反,这会导致宏观调控政策的冲突和失效。中央银行通常采用的货币政策工具不足以对经济周期和金融周期调控,因此,需要引入宏观审慎政策。健全的宏观审慎政策框架与货币政策的搭配,可以更有效地进行逆周期调节,并维护金融稳定。

自明斯基1975年提出金融不稳定假说以来,历史走过了40余年。在他身后20年中发生了两次重大金融危机,尤其是10年前发生的美国次贷危机验证了明斯基金融不稳定假说对发达资本主义经济的预测和判断。20年前的亚洲金融危机和10年前的美国次贷危机是市场参与者最深刻的记忆。

针对1998年亚洲金融危机与2008年美国的次贷危机所引发的金融危机理论或模型的讨论如汗牛充栋,广为研讨的四代货币金融危机理论剖析了新兴市场或国家发生危机的根源。在20年前的亚洲金融危机中,遭受重创的主要是新兴经济体。而明斯基的金融不稳定假说则提供了一个观察发达资本主义经济金融危机起因的更好视角。尽管亚洲金融危机和美国次贷危机引发的全球金融危机的起因、表现形式和传染渠道以及危机后果多有不同,但是根源有其共性——不完善的银行体系从而不稳定的金融体系。

20 年前的警示

1998年发生的亚洲金融危机曾经重创了新兴市场经营多年的金融体系。

---

① 中国人民银行在2017年第三季度货币政策执行报告中首提"金融周期"一词。报告在专栏《健全货币政策和宏观审慎政策双支柱调控框架》中指出,国际金融危机促使国际社会更加关注金融周期变化,需引入宏观审慎政策加以应对。

时任马来西亚总理的马哈蒂尔在当年 IMF 和世界银行召开的香港联合年会上，指责金融大鳄索罗斯等投资集团在外汇市场上的对冲行为使得马来西亚的金融与经济改革倒退了至少 20 年；国际投资者和投机者在亚洲市场上对弱势货币的围堵和冲击，导致泰铢一泻千里；韩国民众在示威中发泄对 IMF 处置危机和救援失误的不满。亚洲多个金融市场和这些国家的银行业损失惨重。

索罗斯面对这些指责倒是很坦然，他的回应是："我只是按市场规则办事。"他的此番辩解似乎是无可指责的，因为危机的根源在别处。

20 世纪 80 年代以来，新兴金融市场实施自由化，随着全球金融合作的发展，呈现了一种现代新型金融危机的典型特征，即货币和银行危机结合发生，引发了高利率、资本外逃和实体经济的急剧收缩。这种新型并发式危机的前提条件如下：危机前的金融自由化；固定或可调整的固定汇率制；危机前基于乐观预测而跟进的大量资本流入和危机爆发时资本流向的逆转；以及危机之前的一段时间内国内银行和公司潜伏的问题急剧膨胀，这些条件是并存的。

根据哥伦比亚大学的 Beim 和 Calomiris（2001）[①] 对新兴市场金融危机的分析，历史上，各种金融危机的共性表现为银行体系的脆弱和盯住汇率制下一定程度上的币值高估，从而引起巨额经常项目赤字和私人部门过度的外国借贷，但现代金融危机的具体原因和表现形式与以往大不相同。而且发生危机所呈现的个体差异也很明显。通常这些因素取决于：（1）基础因素的作用；（2）银行与证券化债务的相对重要性；（3）私人与主权债务的相对重要性；（4）汇率机制与历史；（5）基础结构与变化。

危机的早期信号通常是银行体系不良贷款的增长，通常是经过一段时期的经济高速增长后，银行和公司往往出现过度使用借贷杠杆和不正当的投资决策，反映了公司管理和银行监管中的结构性缺陷。典型现代金融危机是一种恶性循环。当宏观经济衰退、微观经济失调、对未来基础指标（如政府财政和货币政策倾向）的顾虑或谣言使国内外投资者失去信心，开始从一国撤出资金，危机就将爆发。最初的表现是资本流出，起因往往是为维持国内宏观经济稳定所采取的扩张性货币政策，由于国外投资者对固定汇率失去了信心，结果会适得其反。危机一旦爆发，将愈演愈烈，当投资者将资本从一国撤出，就会给盯住汇率带来压力。利率迅速提高，因为投资者此刻要求得到

---

① David O. Beim and Charles W. Calomiris, Emerging financial markets, McGraw - Hill Company, 2001.

更高的风险升水，并且政府试图通过提高利率的货币政策减缓资本外流。

如果银行和公司的借款主要是外币借款，本国货币贬值就意味着其债务依贬值的程度而加倍。而且，利率的迅速提高意味着公司债更高的利息支出。因此，如果银行和公司大量借入实行浮动汇率的美元、日元或欧元，从而承担了巨大的利率和外汇风险，货币贬值就会迅速将其推向绝路。对该风险的认识会进一步给投资者造成恐慌，致使其更大量地撤出资本。政府难以抵制本币沉重的抛压，付出的代价是昂贵的，在大多数情况下，抛压还会带来固定汇率的瓦解。当实际利率上升到不可维持的水平（20%～50%），发生更高程度的恐慌，并且债务急剧增长的公司宣布无力偿债，这会进一步影响到自身也承担了外汇和利率风险的国内银行。利率和外汇风险随之增加，成为信用风险，并将银行体系带到破产的边缘。为重建银行而注入公共资金会加深公众对通货膨胀的恐惧，给币值带来了进一步压力，这会助长资本外逃，从而使危机自身产生了螺旋般的能量。现代危机前所未有的特征正是一系列不利因素的同时爆发，这些因素结合在一起并相互影响，使上述情形不断恶化，而且，这样的恶性循环也使新的均衡难以形成。

20世纪90年代亚洲银行业所暴露的一系列问题，重点在于信贷风险管理不慎所致。对此，时任巴塞尔委员会主席的德·斯旺有如下评论：这一事实似乎显得有些不可思议。因为放贷是最古老的银行业务，许多银行何以到今天仍不能有效运营这一传统业务呢？答案很简单，因为中介职能和贷款评价工作具有特殊的艰巨性，日益复杂的金融市场又增加了新的困难。宏观经济的不稳定，金融自由化，政府的介入，关系人贷款，内部控制机制不合理，都在扭曲债务人的判断，造成决策错误，这一系列因素，也同时在长期内导致了借款人信誉的下降。[①]

正因为如此，巴塞尔委员会在其制定的《银行业有效监管核心原则》中强调，制定核心原则的宗旨就在于有效地防范信贷风险，进而确保全球银行业的安全。其核心是对银行业进行全方位风险监控，即监控银行运行的全过程；强调建立银行业监管的有效系统——明确责任、目标、运作的独立性和充分的物质保证和完善的法律体系；注重建立银行自身的风险防范的约束机制——内部运行控制机制，即除资本充足率外提出了更高的要求；它还提出了对银行业持续监管的方式——现场稽核监管与非现场稽核监管并重、合规

---

① 巴塞尔委员会主席德·斯旺在 IMF 和世界银行 1997 年中国香港年会上的演讲。

性监管与风险性监管并重、对银行管理层的监管与对整个机构运作的监管并重等措施，并强调提高监管人员的综合监管能力。

当一国放松进口管制和资本流动，会吸引更多的游资（hot money）和投机者，包括流入新兴市场。如果没有公正的指导法则，也没有适当的国家机构或国际机制来管理控制局势并在必要时敲响警钟，那么金融全球化的基础就会遭到破坏。发达国家的金融管理层近年来呼吁全球各国商讨重新构建国际金融体系。然而，迄今为止他们所建议的措施如协调利率的降低，增强IMF对运行良好的新兴经济提供意外事件时借款的能力，以及加强对储蓄金融机构的管理等，至多在救火时有效，而不能防患于未然。与世界市场参与者面对的基本挑战应做出的反应能力相去甚远。

在国际层面上，各个国家或地区的金融监管部门，虽然对银行业监管的目标在表述上不尽相同，但基本内容大体一致。主要有四个方面：（1）保障金融体系安全稳定地运行；（2）维护公共权益，特别是保护存款者和投资者的权益；（3）促进金融体系公平公开和规范化竞争；（4）加强本国银行和金融机构在国际金融市场的竞争能力，提高本国金融业在国际金融业中的地位。

1997—1998年亚洲金融危机乃至在世界各国的蔓延是在20世纪70年代后所出现的金融国际化和金融自由化的背景下发生的。但是，孤立地看待金融自由化与金融危机的因果是有失偏颇的。

金融自由化是一种手段，而不是目的本身，经济增长和社会福利的提高才是目的，而达到这一目的的中介目标是金融发展。金融自由化政策只是宏观经济政策的一部分，它对金融发展从而对经济增长的效应要受制于一国的历史基础和社会、政治条件甚至金融业的结构，还有同时期的其他经济政策。开放资本账户只是金融自由化的一种而不是唯一的方式或途径。途径有别，受制的环境不同，结果也会有差异。金融自由化和全球化都不单单是一些时髦的词汇，而是一个充满矛盾和诱惑的历史发展过程，融入这一过程是明智的，当然，融入的时机和途径以及程度可以由自己来选择，甚至可以有所保留。

金融自由化是相对的，过度开放和过度压抑同样都是有害的。"完全理性市场"和"充分自由竞争"仅仅是一种理想的理论模式或纯粹抽象的产物。金融自由化并不等于消除政府干预，也许正相反。只是政府干预和监管的途径和方法应有所转变。问题的关键在于政府是否有望制定并实施矫正市场失灵的监管法则。即使在一个良好的经济体中，如果制度和金融市场必需的监管框架都是薄弱的，那么金融机构的错误行为就无法控制，从而为金融部门出现系统性问题埋下隐患。制定并实施审慎监管规则对发展中国家而言强调得再多也不过分。

金融自由化的后果可以是多重的，有些作用是相互抵消的。在某些方面提高金融市场效率的同时，也许在其他方面有降低金融市场效率的作用。以金融创新为例，20世纪80年代中期西方国家金融创新达到高峰，其中部分创新项目是为规避中央银行管理规则的，但在西方世界以放松金融管制为特征的金融自由化浪潮之后，银行致力于金融创新的动力明显下降。金融自由化加大了客户和金融业自身的风险。利率和汇率管制的解除导致市场更大幅度的波动。在全能化银行制度普及的环境中，商业银行大量涉足高风险的业务领域，风险资产明显增多。资本自由流动条件下更多的国家感受到了国际游资的冲击波。因此，金融自由化政策的实施和融入金融全球化的措施都应该是权衡利弊之后的审慎抉择。

金融自由化固然与危机有关，但后者并非前者的必然结果。所有关于奇迹崩塌的神话都是危言耸听的。矫枉必须过正，任何成功都是需要付出代价的，无论对个人还是对国家。亚洲金融危机之后，当危机国经济得到复苏，仍然选择义无反顾地继续开放市场。因为他们从过去的奇迹中尝到了甜头，那些曾经有过的奇迹和几年前的危机一样的现实，是客观存在的，而不是虚幻的。挫折只是应当付出的学费而已，不过拖欠得太久了一点，而危机以独特和激烈的方式提醒那些得意忘形的人们：天下没有免费的午餐。经济全球化带来的负面影响之一是全球经济金融的不稳定，这是经济学界公认的事实，以这个事实否认一个更大的事实——全球化的效率和结果显然是一种偏见，而以全球化过程中资金分配效率和结果不均否认世界经济整体自全球化中所获得的效益同样是一种偏见，至少是有以偏概全的嫌疑。

20年前的亚洲金融危机留给我们很多可吸取的教训。尽管金融业结构和整个金融体系已经有了很大的变化，数字化为特征的全球化和去全球化的思潮在涌动，金融科技颠覆性的创新改造着旧的金融体系和相应的观念，从而，我们必须适应和迎接新金融体系的诞生。但是，对新旧金融风险的识别和新的管理风险以及监管风险理念的形成，依然是金融从业者、监管者和研究者的使命，也是市场参与者需要去感知和体会的。

在全球互动的国际金融市场上，处处都潜伏着危机。也许，一切都是可能发生的，但是，在发生前的每个瞬间，希望依然蕴含在各国强化银行业的竞争之中，在国际金融领域内各个国际金融机构和私人企业的监管合作之中，在各国金融业基础设施和风险防范体系的建设之中。如果人们所能做的只是终日恐惧着那些预言而不采取积极的行动来防范，那么，金融业的未来绝不会比现在更好。

市场失灵或多或少地存在，特别是市场信息难以克服不完全、不对称的局面。在信息不完全、不对称的条件下，金融体系内必然会出现"逆向选择"和"道德风险"。只要投资者意识到 IMF 和中央银行或其他国际金融机构在出现金融业危机时总会救援，那么道德风险是免不了的。因此，在危机之后，国际金融机构和很多经济学家呼吁，各国首先应该改善信息披露制度和加强国际监管。

"今时非同往日"综合征

"今时非同往日"综合征（this – time – is – different syndrome）由 Reinhart and Rogoff 于 2009 年提出并做了描述，是部分人包括决策者对美国 2007 年发生次贷危机的一种解释。其基本含义是，金融危机只是发生在他国他时的危机，不可能发生在基本面如此健全的此处。之所以发生，只因为今日时同往日。比如风险的多样化和先进的机构框架都成为做出此种判断的依据（Claessens and Kose，2013）。[1]

实际上，引起危机的根源与他国他时所发生危机的基本原因也有相似之处，即信用和资产价格的膨胀。抛却这种综合征，思考的重点应该是如何防范金融危机以及当金融危机发生时如何降低要付出的代价。

自 2007 年发生并延续到 2009 年的这场危机是 20 世纪 30 年代"大萧条"以来最严重的一次危机，它危及全球金融体系，身处危机核心的国家付出了昂贵的代价救助处于崩溃之中的金融机构。资产价格的大幅跌落前所未有。

这场危机何以发生，学术界对危机原因的分析基本达成共识。对各种影响因素因果链的解释略有不同。Thakor（2015）[2]对因果链的勾画别具一格（见图 1）。

---

① Stijn Claessens and M. Ayhan Kose（2013）. Financial Crises：Explanations，Types，and Implications. IMF Working Paper. WP/13/28.

② Anjan V. Thakor，（2015）. The Financial Crisis of 2007 – 2009：Why Did It Happen and What Did We Learn? The Review of Corporate Finance Studies，Volume 4，Issue 2，2015，pp. 155 – 205.

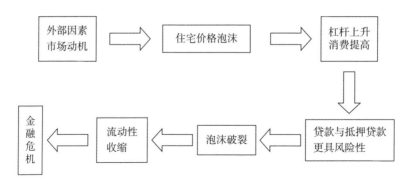

图 1　因果链示意图

外部因素和市场动机多种多样。（1）政治因素。指教育体系的结构缺陷造成机会不均等和社会分化，从而引起经济不平等，而执政党将房产拥有权作为治理财富不平等增长的药方，通过放松承购标准，引致银行业在广泛的基础上提供大量抵押贷款，甚至引向风险更高的抵押贷款。对住宅的大量需求拉升了房产价格，泡沫聚集。（2）证券化与 OTD 模式（贷款并证券化）的增长。基于上述政治动机，美国政府通过货币政策为宽松的贷款条件提供便利，而证券化的 OTD 模式放大了贷款条件的宽松度，对银行资本的监管松懈和宽松的货币政策，足以吸引商业银行扩张抵押贷款，同时投资银行也利用非银行抵押贷款参与住宅市场，致使美国贷款发放从 1990 年的 5000 亿美元升至 2007 年的 2.4 万亿美元。同期住房抵押贷款从 2.6 万亿美元上升至 11.3 万亿美元，次贷占住宅抵押贷款的比例从 1995 年的 8.7% 升至 2005 年的 13.5%。（3）金融创新的激增。在危机前 20 年中，由于信息技术的发展使得银行更便捷地参与金融市场的证券交易并与影子银行体系纠缠不清。银行业的金融创新也不乏其他经济动机。在证券化过程中出现的资产担保证券这种新的金融工具对消费者和投资者而言既复杂又陌生，其交易的膨胀大大增加了触发金融危机的可能性。（4）美联储的货币政策。危机前的美联储数年中采用宽松的货币政策，异乎寻常的低利率是住宅市场价格大起大落的始作俑者。（5）全球经济发展。同样是在危机前的 20 年中，新兴市场经济的崛起，有管理的汇率制度和促进出口政策，累积了大量的储备，转而流入美国金融市场，进而维持了美国的抵押品市场的低利率。（6）错位的激励动机。大而不倒的存款保险制度和管理法则为金融机构提供事实上的保护，过度冒险有恃无恐。

这样一些外部因素和错位的交易动机交互作用，导致了不仅仅是流动性危机，更是一场交易对手破产危机。反映在住宅市场就是危机前价格高企，美国凯斯·席勒全美住宅价格指数（The Case – Shiller U. S. national house price index）从 1987 年至 2005 年上升两倍有余。杠杆的上升和消费的增加表现为虚假的繁荣，实际上泡沫在集聚。筛选贷款的程序和严格性已被稀释，银行的风险贷款越来越多，无异于火上浇油，加速泡沫破裂的进程，当流动性下降尤其是影子银行发生流动性危机时，"明斯基时刻"到来，危机无可阻挡地发生和蔓延。

翻开 10 年前国际货币基金组织（IMF）所发布的《2008 年全球金融稳定报告》[①] 和报刊上那些铺天盖地的报道与评价，仍可感受"明斯基时刻"所掀起的余波。

危机之初，虽有多国央行干预，金融市场依然受到了沉重的压力，全球因为信用危机而受到的损失接近万亿美元。危机蔓延到美国次级房贷以外的优质住宅和商业房地产市场、消费信贷与各等级公司信贷市场；从震中到外围，许多国家的金融机构也受到影响。此外，宏观经济的"回馈效果"也不乐观。由于资本缓冲减少，银行损失规模与范围存在不确定性，加上正常的信贷周期走势，都可能对住户借款、商业投资和资产价格产生重大影响，而这又会反过来影响就业、生产成长和资产负债。这种走势可能较过去的信贷周期更加剧烈。当时的动荡显然不仅是流动性问题，且反映了资产负债表的根本脆弱性和虚弱的资本基础，意味着其影响之深远。

依据当时 IMF 的预计，美国经济在 2008 年轻微衰退，全球经济增长率降到 3% 以下的可能性为 25%，给原本乏力的世界经济蒙上一层悲观的色彩。朱民（2016）[②] 指出，2008 年金融危机之后全球经济联动性增强，从而使得全球金融危机带来的负面影响远超人们的想象。金融市场的脆弱性凸显，流动性紧张产生的市场波动在不断地扩大，全球经济丢失了 10% 的 GDP 总量，也严重拉低了世界各国的经济增长速度。自金融危机以来，发达国家经济的实际增长水平低于潜在增长水平 5%，发展中国家经济的实际增长水平则低于潜在增长水平 1%。实际上，发达国家 GDP 增速每发生 1% 的下降，就会导致发展中国家 0.4% 的下降。而发展中国家 GDP 增速每发生 1% 的下降，也会造成发达国家 0.2% 的下降。危机就像一场地震，地震过后，除了地表现象的变

---

① IMF, Global Financial Stability Report, 2018.
② 朱民：《金融危机后全球经济的四个新现象》，载《中国经济周刊》，2016 – 03 – 29。

化，地下的深层结构也同样会发生变化，全球经济金融深层次结构的变化给全球经济治理带来了新的挑战。

在应对金融动荡时，尽管多个国家中央银行采取了"进取性"行动，为金融体系注入大量资金，但由于金融市场有可能存在未暴露的问题，给经济前景预测带来很大的不确定性。信贷质量恶化、结构性信贷产品价格下跌以及流动性资金缺乏等加剧了全球金融系统性问题，金融市场随时可能发生更加剧烈调整的风险。这也是巴塞尔金融稳定委员会（FSB）在2008年全球金融危机后发起金融管理综合改革项目的动因（参见第5章）。

全球化的十字路口

2008年国际金融危机爆发至今，人们一直都在寻求避免金融危机的方式，但真经难求。应当说，经济全球化与金融危机不无关系。起始于20世纪80年代的经济全球化带来的最大变化就是，将传统制造业从发达国家转移到了发展中国家，在这个过程之中，两者之间的财富创造和经济增长水平差距逐渐缩小，直至拉平。很多国家的全球化进程比中国更早起步，而中国的全球化进程则是渐进式前行的。

中国具有四大优势：一是劳动力价格低廉，劳动素质高。二是土地价格便宜，出现了大片的厂区。三是中国经济改革中的制度红利显现，各行各业都充满了活力。四是国际国内两个市场同时存在，且具有比较优势。

这四个比较优势，出现了一个传统经济学无法解释的现象，这就是改革开放后一段时间内中国的净出超（储蓄率减去投资率的差额）一直在上升，也就是说储蓄率始终高于投资率。然而，发展中国家的资本何以过剩？通常情况下净出超的合理数值为GDP的5%～6%，而中国的这一数据在2007年达到12%，相当于占GDP 5%～6%的资本是过剩的，这表现为中国外汇储备的上升以及海外资产的上升。这一过程之所以能够持续，源自美中之间的长期贸易逆差。美国对此能够容忍，是因为中国出口美国可获得4%左右的回报；而美国投资到中国则可得到10%～15%的回报。在这个过程中，中国得到发展，美国得到高额回报，在经济全球化的实现过程中，中美都获取了巨大的利益。

与此同时，美国也发生了前所未有的经济现象，出现了美元短期利率上升、长期无风险利率却下降的"格林斯潘之谜"。由于美元的60%在全球循环，使得其国内长短期利率无法正相关的"格林斯潘之谜"现象得到了解释。

现实情况是，美国经过 10 年的经济恢复，实现了充分就业；欧洲债务率受到限制，失业率下降，经济增长趋势也已恢复。各个国家的债务率均在下降，日本经济也呈现了 0.8% 的增长，实现了充分就业。

放眼世界，全球化不会再沿着以往的道路走下去，也不会遵从以往各经济体在全球经济大循环中的逻辑。近年来，在经济全球化的进程中另一股力量在逐步生成，即出现了为数不少的民粹主义者。民粹主义大部分来自利益净受损者，他们曾对世界经济抱有极大希望，从寄予希望，到逐渐失望，这种失望的累积最终会集中爆发。经济全球化导致了这种撕裂、对抗的产生。

英国脱欧对全球化是一个打击，引起了许多新的问题，全球范围内的不确定性增加。即使很小的冲击也可能带来很大的伤害。如何从全球化中获得更多的利益，发挥它的正面效应，将风险和负面效应降低到最小是经济学家们更加关注的问题。

Candelon（2015）[①] 通过对大约 100 个国家 1970 年至 2014 年的数据分析表明，全球化具有两面性。一方面全球化明显地提高了增长率，另一方面则披露了来自金融部门深刻的负面影响。同时，增长的水平在全球化强化时期就平均数而言是上行的。

这些研究成果在理论上是合乎逻辑的。当银行危机发生时，尤其是系统性危机比例增大时，信贷紧缩接踵而至，这是由于不良贷款资本损失或者由于监管环境趋紧所导致的银行借款下降。银行危机越严重，信贷紧缩越明显，这种效应会持续良久，而且这种效应会涉及经济中的所有行为者，包括金融和非金融公司以及家庭，从而大部分投资和消费者对耐用品的消费都会减少。这些冲击对资产价格的影响因按市值计价的银行资本要求而放大。此外，由于这些银行全球联网，或者与其他国家的其他银行互联，就构成了通过银行危机从额外的渠道造成对产出增长率更大的负面影响。对这一主题研究的启示实际上是更有价值的，因为有关一种"新常态"的系统性和确凿的证据对于政策讨论以及建立理论模型而言是至关重要的。对于"新常态"所举荐的政策建议是政策的稳定性并由强大的结构性改革相伴，从而使得负面的长效和发展的短效都趋于缓解。同时呼唤着充分的金融监管从而全面享用全球化的果实。

---

① Bertrand Candelon, et al. (2015). Revisiting the new normal hypothesis, Journal of International Money and Finance. 2016, 66: 5－31.

▍跨越"明斯基时刻"

2008 年全球金融危机后的 10 年中，全球复苏在持续，但增速放缓且步履蹒跚。这种"新常态"短期内恐难有改变，尤其是发达经济中的消费者需要大幅度减债。石油和商品价格低迷不振，阵发性的汇率快速贬值，使得大多数低收入国家和新兴市场也同样身处这种"新常态"之中。持续的低速增长改变了全球政治格局。保护主义和孤立主义占了上风。新近有关"新常态"[①]的研究指出，短期 GDP 增长率在银行、货币和股市危机这样的混乱发生后降低。

尽管去全球化的迹象有所表露，然而，世界已经进入以数字化与高技术驱动为特征的全球化，这种联结是很难被中断的，甚至促使全球化变得更加稳固。但并不代表其中不会有挫折，有时甚至会出现某些局部的退步（魏革军，2018）[②]。

一个具有重大意义的趋势是，全球化的参与者越来越广泛，主导机构也呈现一种去中心化的态势。很多人都在担心新近的保护主义逆流会不会阻挠全球化进程。事实上，全球化的所谓实体或实物组成部分在未来的重要性也许会有所下降，而服务、知识和技术等领域的内容将会占据更大比重，这部分的发展很难度量，也很难被保护主义所逆转。

专栏1 全球化中的"黑天鹅"事件

2016 年，特朗普胜选与英国脱欧成为全球最大的"黑天鹅"事件。与欧债危机时不同，现在一切问题的解决都是被动性的。特朗普公开唱衰欧盟，认为如果欧洲衰退，美国就可以一步步实现其遏制中国等国的计划。在过去全球化过程中，美国一直扮演着领袖的角色，美元依然是世界货币中的主导。现在的世界充满了不确定性。特朗普面对的是分裂的美国，或许他就压根没有想要团结，既然做不到那就大大地分裂。特朗普自信，他会成为一个有划时代成就的美国总统。第一，他的目标很高。特朗普是个进攻型的商人总统。商人的本质在于利润最大化。商人工于心计，与对手谈判，选择最高的要价，"狮子大开口"然后慢慢"讨价还价"。中国及世界今后恐怕要面对这个变得贪婪的"老大哥"。第二，他要改变的是美国

---

① Blatt, et al. (2015). Detecting contagion in a multivariate time series system：An application to sovereign bond markets in Europe. Journal of Banking & Finance. 2015，59：1 - 13.

② 魏革军：《以数字化为特征的新型全球化——访波士顿咨询公司（BCG）全球主席博克纳》，载《中国金融》，2017 - 05 - 16。

现行的意识形态，奥巴马说过要继续统治世界一百年，美国要保证意识形态的优越感。第三，他坚持认为，"我要利益，但我不要责任；我不参与治理，但要享受好的结果"。

特朗普新政对中国的影响大致涉及五个方面：一是要改变全球化方向，反贸易自由化；二是为美国的"一己之利"改变地缘政治，如对中俄关系施加影响；三是软硬兼施，迫使美国的跨国企业回美投资；四是要求美国跨国公司在海外的存款调回美国；五是指证中国的贸易补贴、倾销，要给中国贴上汇率操纵国的标签，这些都将对中国构成巨大挑战。

特朗普新政对中美贸易影响到底有多大？美国是中国出口的最大单一市场。从中国海关出口数据看，美国单一市场占中国总出口的18%；但从美国的进口统计数据看，美国从中国进口包括从拉美、东南亚等地区的转口占中国总出口的28%~30%。更为重要的是，以中国出口美国的贸易顺差来计算，美国占中国出口贸易顺差的40%；以美国贸易逆差来计算，中国占其贸易逆差的60%。这些角度都说明，美国对中国的贸易地位太重要了。就出口结构来说，中国出口到美国的产品的60%为中低端消费品，这些中低端消费者往往是沃尔玛超市的常客，大多为特朗普的支持者，特朗普政府估计不会向他们征收高税率。剩下的40%商品多为中低端机电产品，这些则可能成为美国征收高税率的重点。

中国对此应对的措施要么做加法，要么做减法。如果增加从美国进口，我们所能够做到的事情非常有限。中国需要进口的多是高技术、军工产品等，美国在这些领域对中国的进口需求一直进行着封锁，那就只能做减法，包括"主动减"与"被动减"两种。如果"主动减"，或许会面临人民币对美元的大幅度升值。1985年和1986年，日元对美元升值67%，日本出口美国汽车实行主动配额，出口数量只相当于1984年的60%。借鉴历史，"主动减"显然也是行不通的。如果被迫做减法，就意味着美国对从中国的进口品征收高关税，而且可能进一步升级。这就可能使中美处于不断加剧的贸易战中，过去全球贸易方面的一切国际规则就会形同虚设了。

资料来源：孙芙蓉：《十字路口的经济全球化——访法国巴黎银行亚洲证券中国首席经济学家陈兴动》，载《中国金融》，2017-03-06。

世界正处在全球化的十字路口。面对去全球化潮流，中国需要在矛盾中找到新的平衡。反思过去的政策，应对新的危机和挑战，制定新的战略，调整方针政策,化解经济中的风险。中国可以有自己的选择:一方面是继续扩大开放,另一方面韬光养晦,调整好经济结构,维护金融稳定,确保经济可持续增长。

中国金融存在许多风险点,有些风险点已得到基本解决。第一个风险点是地方融资平台,地方债置换意味着过去平台债的信用升级,化解风险有效;第二个风险点是企业债务风险,目前正在通过市场化债转股以及重置还债谈判等行政方式解决;第三个风险点是僵尸企业的坏账,政府要求严格管控边界,不允许扩散。所有这些措施都可以有效缓冲对信贷质量以及信贷风险的影响。市场需要出清,金融不良贷款泡沫、刚性兑付、产能过剩需要出清,大规模低效低端的产业需要出清。传统型的金融风险不爆发并不意味着没有损失,在增长过程中保持头脑清醒而不是动摇信心。当然,真正使金融风险得到有效化解的是经济增长,中国需要新一轮的强劲增长。

IMF 前副总裁朱民描绘了一幅世界经济的版图:当今的世界呈现的非线性的板块群结构,而这种群结构大大加强了全球金融的关联性。全球经济活动由核心国家主导,通过群结构层层往下形成一个网络结构。正是这种关联性产生了全球经济金融的互动和溢出效应。美国金融市场是世界最大的金融市场,美国金融市场的波动不可避免会引起全球金融市场和经济的波动。如果说金融市场会出现大的波动的话,源头只能来自美国。危机往往会从金融市场爆发,然而,没有任何的历史数据和理论框架能够表明,当前的波动是不是危机的前兆。

在这样的背景下,我们需有所作为,避免危机的自我实现,在现实的环境中寻求有利的发展机会,增强经济竞争力和金融体系抵御外来冲击的能力。防范风险意味着要做得更好。这也是这本小册子想要表达的理念。

我们从明斯基金融不稳定学说出发,追赶着金融界、学术界和监管者们的足迹,共同探寻 2008 年全球金融危机以来全球金融体系和监管体系改革的历程,讨论央行角色再定位和治理、数字货币和国际货币的发展、信用评级悖论以及金融科技创新的兴起等话题,分析它们对金融稳定和经济增长的影响,探讨这些事物的出现和相互关系的发展过程中可能产生的利弊。其间,闪烁着国内和国际很多金融大师和金融学家们思想的火花,也可感受到管理者和实业家们行动的力量。除此之外,也包含作者对这些问题的些许思考,有些看法和观点不一定是全面和成熟的。至少,我们的立场相同。

第一篇

央行和货币的重新定位

第1章　央行的治理

对于中央银行家们、市场参与者甚至是经济学专业的学生而言，强调央行货币政策应该具有透明度几乎是老生常谈。原因是众所周知的，货币政策交付的是价格稳定，这一目标极具社会价值，然而，这一目标不可能由货币政策直接引导，甚至不能通过民意代表来实现，一是由于技术上的复杂性（涉及精致的市场干预技术）；二是因为长短期目标存在冲突：一旦达到价格稳定，政治家们又禁不住获取货币扩张利益的诱惑。被经济学家称之为时间不一致性的这种冲突会逐渐损毁货币政策的主要目标，除非一些特定的安排到位。[①]

——安杰洛尼

中央银行起源于英国，第一家具有近代银行特征的银行是英格兰银行。不仅垄断了全国的货币发行权，且充当商业银行的"最后贷款人"和政府的银行，成为近代中央银行理论和业务的样板和基础。这就是通常意义上的中央银行三大职能：发行的银行，银行的银行和政府的银行。2008年金融危机之后，各国央行的货币政策目标不再仅仅关注价格稳定和充分就业，经济增长与内外平衡，金融稳定性成为重要的政策目标之一。

当2008年金融市场的"明斯基时刻"到来时，各国央行表现出非凡的意志和行为。借助于所拥有的最后贷款人职能的天然优势，各国中央银行采用常规和非常规的灵活多样的货币政策工具，当机立断地做出很多重大决策，重拾公众对市场和金融体系的信心。美联储采用量化政策管理工具实际上意味着从银行或其他金融机构购回它们所持有的公司和抵押支持债券。这在美联储有限的历史中并不常见。美联储QE政策的实施在很大程度上影响着世界

[①]　Ignazio Angeloni（2015）. Transparency and banking supervision. Angeloni, a member of the Supervisory Board of the European Central Bank, remarks at the ICMA Capital Market Lecture Series, Frankfurt, 27 January 2015.

主要国家央行的货币政策。2014 年 10 月，美联储宣布结束资产购买计划，也宣告了一个时代的结束。随之而起的担忧便是美国货币政策的转变有可能引发国际资本流动的微妙变化，加剧国际金融市场的不稳定性。

作为央行治理的三大支柱，央行的独立性、透明度和公信力在危机的处置和经济的复苏中都经受了严峻的考验。各大央行为应对将来可能出现的"明斯基时刻"再度强化自身的功能，全球范围内的央行治理仍在继续。

重新理解央行的角色

在 2008 年的金融危机中，流动性紧缩（Liquidity crunch）对复杂的国际金融体系的影响是极其深远的。各金融机构的生存仰赖于其他相关机构流动性的信心，而整个市场的信心仰赖于各国的央行。

Dimand（2008）①观察了 2007 年主要央行在"明斯基时刻"对债务紧缩（debt deflation）的反应，认为这些央行均以史为镜。比如，美联储和英格兰银行皆从 20 世纪 30 年代大萧条的债务紧缩中接受教训，强化各自危机处理过程中的薄弱环节，而欧洲中央银行则谨记 20 世纪 20 年代早期德国恶性通货膨胀的历史。如果忽略过去与当下的关联，决策者在面对系统性金融脆弱的可能性时或许会步入歧途。

危机前的美国货币政策一度倚重于低利率，使得信用成本可忽略不计，从而助长了高杠杆水平，其表现是金融部门的过度膨胀或金融化（financialization）。金融体系由于错综复杂和高杠杆支撑的契约与运作变得异常脆弱。始于 2007 年的次贷危机中，投资者对美国证券化的抵押市场已失去信心，从而导致流动性危机。美国房产市场崩盘损失约 8 万亿美元，这仅仅是冰山一角，它的辐射面为美国总值 20 万亿美元的整个房产市场。在房产价格上涨与经济基本面脱节的同时，金融业采用更复杂的金融创新工具支持其增长，庞大的信用违约互换大幅扩散。高风险贷款的飙升反映的事实是，房产业融资和销售以及二级市场证券化过程等各个方面都显示了错位的激励机制或诱因。投机式融资扭曲成为次贷危机的温床。

美联储面临危机所采取的最重要行动是在 2008—2012 年连续四次推出量化宽松（quantitative easing – QE）的货币政策，直接或间接地向市场释放流动

---

① Robert W. Dimand（2008）. Central Bankers in the Minsky Moment: How Different Central Banks Have Responded to the Threat of Debt – Deflation, The Journal Of Economic Asymmetries. June, 2008.

性，以刺激经济复苏。由于财政空间有限，美联储主要依赖于央行救助和非常规货币政策刺激经济复苏。实际上，量化宽松和低利率政策更有利于财政的低成本融资，即财政赤字的货币化，这一过程是将财政风险转嫁到金融部门，即财政风险金融化。大量资金并未真正流入实体经济，而是聚集到房地产和股票等资本市场，从而使房价和股市很快提升至危机前的水平，整体经济复苏反而进程缓慢。其他发达国家也有类似的经历。这说明，非常规货币政策边际作用有限，无法达到促进产出和物价的长期效果。并且财政政策对货币政策度过度依赖，使得非常规货币政策的退出变得异常困难，非常规货币政策在经济体的滞留反而会产生副作用，损害了货币政策的自主性。解决经济发展的深层次问题，不能仅仅依靠扩张性货币政策，需要财政政策的配合，对经济进行深刻的结构性改革。

美联储在救助策略上也积累了一些经验可供借鉴。危机后，美联储根据"巴杰特"（Bagehot）法则①提供流动性救助。基于对投资银行雷曼兄弟和主营保险业务的美国国际集团（American International Group – AIG）两者系统重要性的认知不同，对雷曼的救助并没有通过美联储引导市场力量而获得成功。鉴于雷曼倒闭的教训，美联储经过全面评估后认为 AIG 具有全球系统重要性，果断地对 AIG 予以无限制的流动性支持，遏制了系统性风险的蔓延。AIG 作为一家国际性跨国保险及金融服务机构，却投资了高风险的大体量的信用违约互换 CDS 产品，最终耗费了美国政府共计 1850 亿美元的救助本金，直到 2012 年才如数归还。这种破坏作用对金融体系所具有的杀伤力由此可见一斑。

对地区性中小问题金融机构，美联储沿袭了 20 世纪 80 年代末处置联邦储贷危机的做法，主要由联邦存款保险公司进行有序破产清偿，危机后联邦存款保险公司（FDIC）共处理了 530 余家地区性问题机构，避免了大规模挤兑和系统性风险。这说明，由美联储牵头按照市场化原则分类处置问题金融机构，对及时有效化解金融风险至关重要。

美联储在危机救援过程中所采取的央行主导市场力量来完成救援，实际上是在维护金融安全和防范道德风险之间寻求平衡，既要守住系统风险的底

---

① 巴杰特（Bagehot）法则是 19 世纪以来中央银行提供流动性救助的重要依据。因为问题金融机构是"微弱少数"，金融体系中的绝大多数银行还是健全的，中央银行既无责任也无必要为这小部分银行提供无偿救助，因此该法则要求中央银行在流动性危机时采取迅速果断的行动，防止系统性风险的蔓延，同时遵守向流动性困难而非财务困难的银行提供流动性支持的原则，防范道德风险。

线,又要强化市场纪律。因此,央行角色的再定位更注重于发挥中央银行的牵头作用,更多地通过市场体系自身的力量化解金融风险,而不是依靠央行动用资金救助,更不会动用纳税人的钱。

徐忠(2018)①撰文指出,10年前的金融危机发生时,各国央行所面对的是自由放任思想指导下轻触式、碎片化监管带来的恶果,而中央银行在危机应对中发挥了不可替代的作用。传统观点认为,所有单个机构的安全经营就等于整体金融的安全,价格稳定能够自动实现经济金融稳定。全球金融危机的爆发使国际社会彻底抛弃了这样的看法。现在的普遍共识是,中央银行应加强宏观审慎管理,在应对系统性风险和金融监管中发挥更大的作用,危机后各国也普遍转向了超级央行模式。

以英国为例:在过去的10年中,英国致力于改变对银行和其他金融机构宏观审慎监管过于零散的局面,逐步强化英格兰银行的核心地位。危机前,财政部、金融服务局、英格兰银行三方,在监管框架与金融立法、统一监管金融体系、制定货币政策和维护金融稳定这些方面各司其职。金融危机之后英国赋予英格兰银行维护金融稳定的更大权力。金融服务局一分为二,形成金融行为管理局和审慎监管局,形成"双峰"监管模式。《2016年英格兰银行与金融服务法案》的颁布,标志着由货币政策委员会、金融政策委员会和审慎监管委员会共同组成的英格兰银行组织架构正式形成,负责和行使货币政策、微观审慎监管和宏观审慎管理职能。英格兰银行进而成为名副其实的超级央行。美联储被明确赋予其维护金融稳定的宏观审慎监管权;欧盟也构建了央行主导的宏观审慎管理制度框架,由欧央行统揽微观审慎与宏观审慎职能,直接监管系统重要性金融机构。在危机前,将监管职能从中央银行分离一度成为各国潮流,现在这股潮流发生了逆转。

所有单个机构安全并不等于金融体系总体的安全,或可存在合成谬误问题。而分散的监管体系中,没有任何一个机构以整体金融稳定为视角采用宏观审慎政策,无法对系统性金融风险担负重责。危机后10年的金融监管体系改革,赋予央行主导宏观审慎框架,强化央行应对系统性金融风险的问责和治理,是形势所迫,也是众望所归。

---

① 徐忠:《全球金融危机十年的反思与启示》,载《华尔街见闻》,2018年2月12日。

透明度与公信力

独立性、透明度和公信力是央行治理的三大支柱。在金融动荡发生的时刻，全球的目光通常会聚焦于央行决策与其货币政策的透明度和公信力。危机后，国际金融机构对成员国政府决策者所推荐的政策中，提高透明度这项达到了高度一致。货币决策和货币政策的透明度被认为是央行成功达到货币政策目标的前提。

20 世纪 90 年代后，在金融全球化的背景之下，主要中央银行的独立性及其货币政策的决策与实施透明度有增强的趋势。无论是发达或新兴国家的中央银行都有这种倾向。独立的中央银行加上明确的政策指令、与公众明智的交流策略和市场悟性，构成了金融市场和经济稳定发展的基本要素。世界主要中央银行货币政策透明度的增加表现为通过各种渠道披露货币政策信息，意在促进市场参与者与公众对货币政策目标的理解并引导他们的预期，进而提高货币政策的公信力。然而，对于不确定条件下的经济预测是如此困难，以至于有些中央银行对错误的预测和交流可能引起的后果顾虑重重，因为许多影响通货膨胀的短期因素超出中央银行所能掌控的范围（Nelson，2008）[①]。

在过去 30 年中，全球各大中央银行对货币政策表现得越来越透明，无论是学术界还是政策制定者都认为透明度对社会有益。自 Kydland & Prescott（1977）[②] 提出经济政策的时间不一致性问题以来，关于时间不一致性和政策公信力的关系已有大量的研究成果，而对影响政策公信力因素的探讨也引发了学术界和中央银行家们对货币政策透明度的高度关注和争议。

透明度被认为是中央银行治理的三大支柱之一（Amtenbrink，2004）[③]，包括中央银行提供信息的行为和公众对中央银行或货币当局货币决策的理解两个方面。与此相关，透明度所起的作用也有两个方面，即作为履行中央银行职责和提升公信力的前提。学术界对下列观点基本达成了共识：充分的透

---

① Nelson，W.（2008）. Monetary policy decisions: preparing the inputs and communicating the outcomes. Monetary and Economic Department, BIS Papers, No. 37.

② Finn E. Kydland and Edward C. Prescott（1977）. Rules Rather Than Discretion: The Inconsistency of Optimal Plans. Journal of Political Economy Vol. 85, No. 3（Jun. , 1977）, PP. 473 – 492.

③ Amtenbrink, F.（2004）. The Three Pillars of Central Bank Governance – Towards a Model Central Bank Law or a Code of Good Governance? IMF LEG, Workshop on Central Banking, Cambridge University Press: 1 – 10.

明度是保持独立实施货币政策所必需的。增加货币政策的透明度不仅是中央银行对公众和经济主体的一种义务,而且对机构本身和其政策而言都是有益的。为限制潜在的透支倾向,中央银行对于自己要达到的目标以及如何达到目标的问题上需要更加开明。开放社会的这种需求,可以通过制度安排让公众了解中央银行要做什么以及怎样去做。透明是中央银行要达到最终目标的策略。因为经济中的通货膨胀和产出以及增长不仅仅依货币决策者而定,而且是由公众基于他们对中央银行策略的理解从而产生的预期和行为来决定。换言之,最终结果是由市场力量来决定的。为此,中央银行应当就货币政策的策略及其实施与公众展开交流。清晰的指令不仅可以增强责任心,也可以建立货币政策的公信力。

中央银行在实践中也逐渐意识到更大的透明度可以增强货币政策的有效性。如果公众相信中央银行的货币政策旨在保持较低或稳定的通货膨胀,这种公信力就可以使中央银行更好地影响预期,后者反过来也会使货币政策更加有效。

中央银行信息的公开和交流是否有一个最佳透明度?理论界尚未界定,但透明度的价值可以通过一些明确的指标来检测。这些指标包括中央银行赖以决策的货币供给、通货膨胀、GDP 和失业率以及中央银行决策采用的经济模型。这些信息可以为公众普遍理解中央银行的所为或不为及其原因提供便利,除了发表信息和公开声明外,也包括疏通公众接近基本经济数据的渠道。

但是,对于中央银行决策过程是否应当公开或公开到何种程度是一个非常敏感的问题,这种安排在实践中引起了激烈的争辩。英格兰银行反对这种做法,理由是,这种信息公开不仅妨碍中央银行决策成员们自由公开的讨论,而且会抵消中央银行的货币政策效果。因此,须将信息敏感度比较大的信息排除在即时发表的范围之外,以免引起市场混乱。此外,欧洲中央银行体系(ESCB)和欧洲中央银行(ECB)的构成包括欧元区的各个中央银行的官员,这种程序的公开将会对各国中央银行官员施加意想不到的压力,显然也是行不通的。

Trabelsi(2016)①通过对一些预测专家进行民意测验的方式,观察央行的

---

① Emna Trabelsi (2016). Central bank transparency and the consensus forecast: What does The Economist poll of forecasters tell us? Research in International Business and Finance Volume 38, September 2016, pp. 338 – 359.

交流和透明度的增加会在多大程度上影响民间机构对通货膨胀和其他经济变量的预测水平和准确程度。结果表明，就整体而言影响是显著的。面对更透明和更开放的央行，预期会依据反馈的信息更新或修正，但是透明度与交流方法对集成预测（consensus forecast）准确度的影响并非尽如人意，聚合信息也不是这种结果的唯一和主要的解释，需要探索比均值预测更好的方法。

与市场参与者的沟通

在新的国际金融背景之下，央行的政策目标增加的同时，达到政策目标的工具也比以前更加丰富，其中之一是央行和市场参与者的沟通与交流。

从近20年主要国家的实践来看，中央银行与市场参与者的交流无疑是必要和必需的。问题的关键在于，在这种交流中，透明度在多大程度上可以增加货币政策的有效性，从而建立货币政策的公信力？不同国家的中央银行采用同样的交流方法和策略是否会产生同样的政策效果？是否存在普遍适用于各国中央银行的最佳交流政策和策略？

美联储在格林斯潘时代开创了央行与市场沟通的先河，在伯南克时代达到一个新的高度。伯南克任美联储主席期间，始终致力于改善央行沟通，提高货币政策的前瞻性和有效性。最典型的实例是2011年4月28日作为美联储主席的伯南克所举行的一场新闻发布会，通过媒体向公众公开讲话，解释联邦公开市场委员会（FOMC）的利率决定和决策依据，其他内容涉及对经济环境和相关指标的分析和预测，对前期货币政策实施的看法和评价，以及市场表现和市场担忧情绪的分析。

这在美联储成立98年的历史上尚属首次。尽管美联储自1994年开始在FOMC例会后有选择地向公众公开一些会议信息，以增加货币政策的透明度，但美联储官员在各种公开场合出言谨慎，或说得很少，或言之不详。金融危机后，美联储强调货币政策与决策过程的透明度对市场预期的重要性和货币政策效果的影响，通过发布会的方式与公众定期或频繁地交流，在不确定加大的金融与经济环境中显得尤为重要。

中国人民银行近年来也在践行央行治理的透明度准则，并采用与公众交流或称为"前瞻性指引"（forward guidance）这样的一些非传统货币政策工具进行预期管理，以利于货币政策的执行效果。

专栏 2 中央银行沟通与预期管理

全球金融危机之后,一些非传统货币政策工具逐渐进入公众视野,其中之一就是"前瞻性指引"(forward guidance)。"前瞻性指引"是个新名词,但其背后的经济学思想却有更久远的渊源。与之相关的是两个更广泛的概念,即预期和中央银行的沟通。近二十年来,随着对预期管理认识的深入,同时也伴随央行独立性的提高和问责的需要,中央银行神秘的面纱一点点撩开,沟通日益成为重要的货币政策工具。

理论和实践发展促进了对中央银行沟通及预期引导重要性的认识。有关央行透明度和沟通的研究在 20 世纪 90 年代中期逐渐展开。尤其是在货币形态与金融资产日趋复杂、规模不断扩大的情况下,稳定预期对于货币政策调控的作用就显得更加重要。1996 年,Alan Blinder 提出更多沟通有利于央行提升政策效果,2001 年 Michael Woodford 提出货币政策的精髓就是管理预期,在 2003 年出版的著作《利息与价格》中,他指出货币政策的有效性取决于其影响政策利率未来路径的市场预期的能力,而不仅仅是当期的政策利率水平本身。如果市场参与者更多了解有关货币政策意图和未来可能的政策路径,其行为就可能向调控所希望的方向趋同,从而提高政策调控的有效性。这意味着现代的货币政策调控不仅要靠操作,还要靠对预期的引导。还有一些文献从学习角度对预期管理和沟通进行了研究,提出由于经济环境或者政策规则的动态变化,公众的预期并非完全理性,央行和公众之间存在信息不对称,公众通过学习来了解央行,因此央行需要通过沟通建立与公众之间的桥梁,帮助公众正确理解央行的意图,从而有效地达到政策效果。

基于上述理论研究和实践发展,中央银行不断改进和完善沟通。最开始披露总体目标和策略;其次公布决策结果,如目标利率水平等;之后,在决策结果之外,还公布决策的原因以及对经济的展望。近年来,面临零利率下限约束,一些央行尝试引进前瞻性指引,即央行直接发布利率的未来预期路径,但这并非是一种政策承诺,而是表明如何就未来的形势发展做出合理的政策反应。

总体来看,货币政策调控框架的演进更加强调了透明度和规则性,这本身就是强化沟通的一种重要方式,通过有效的沟通,可以更好地帮助公众形成对未来政策路径的合理预期，并据此做出经济决策。中央银行的沟通经历了一个发展的过程。以美联储为例，20世纪80年代至90年代初，美联储在明确政策目标和策略上作出了一些尝试；1994年美联储开始在公开市场委员会（FOMC）例会之后发布公告，最开始的公告只有一个政策方向性的信息，之后内容逐渐扩展，逐步公布利率调整的幅度、决策的原因、对风险的评估等；2012年美联储开始引入前瞻指引。一些对央行沟通实践的实证研究也表明，有效的沟通能够影响金融市场，提高货币政策的可预测性，帮助货币当局实现宏观经济目标。

总体看，各方对预期管理和沟通在央行政策中的重要作用已基本形成共识，但仍然有许多开放性的问题值得进一步研究和讨论。一是如何把握沟通的程度，是否透明度越高越好？比如披露决策细节，虽然可能有助于提高透明度并对决策者形成激励，但也有可能使之屈从各方面压力而从众；披露的细节过多，由于经济形势复杂多变可能导致前后信息不一致，或者不同渠道发布内容表述不完全一致，反倒可能损害央行信誉，且过多信息也可能成为噪声。此外正如前文提到的，央行透明度与独立性也有关联，一般而言，独立性越高，对透明度的要求越高，否则做法上可能会不一样。二是如何提高沟通的有效性？很多因素，包括公众的理解能力、媒体的倾向性报道都可能影响沟通的有效性。再比如，在一些新兴市场经济体和发展中国家，因制度建设有待完善，央行不一定有优势来指导市场参与者。如果沟通并未包括很多有用的信息，对于指导市场参与者的意义并不大。三是有没有最优的沟通策略？由于各国情况不同，各国采取的沟通策略存在差异，目前尚未有所谓的最佳实践。特别是围绕最近发展起来的前瞻性指引还有不少争论。比如，通过设立单一指标简化经济模型，对货币政策设置门槛值，虽然方便了央行与公众的沟通，但宏观经济形势与市场发展瞬息万变，过于简化的做法可能影响货币政策的连续性。此外，前瞻性指引是在面临零利率下限、传统货币政策操作空间有限情况下的一种尝试，经济环境不同的国家还应根据本国情况谨慎使用。

摘引自：中国人民银行《2015年第一季度货币政策执行报告》。

金融市场的参与者越来越广泛，货币政策的操作框架和工具也愈发复杂。中央银行与市场参与者以及公众的交流方式和策略成为一个新的视点，也是强化货币政策透明度的集中表现。2007年秋季，国际清算银行总部召开了全球中央银行经济学家会议，讨论中央银行如何就货币决策过程和决策结果与公众交流的问题。

中央银行与公众的交流既可以被视为货币政策的实施方法，也可以被看作一种新的货币政策工具（Bohl & Siklos，2007）[1]。无论是学术研究还是中央银行实践都意识到市场预期在实施货币政策中的重要性。

中央银行与公众的交流之所以重要，是因为预期的重要，而交流可以改变预期。大多数情况下，市场参与者的偏好有差异，但这种偏好不见得和决策者的偏好是对立的，即便如此，交流有助于矫正这种偏好。交流也并非是预先的承诺。预先承诺对高度不确定的市场经济而言固然是美德，但是，在经济面临冲击和发生逆转时，有可能偏离预先的承诺，交流可以使形势变得明朗化。公众的预期也不是固定和静态的，而是可以受中央银行行为影响的因素，如果中央银行官员们可以预先透露一些信息和想法，私人部门的预期可能会改变或者向另一个方向发展。公众对于利率未来发展的预期在很大程度上影响金融和经济的运行，一方面，中央银行的行为不可能总是正确的；另一方面，中央银行的货币政策也不可能总是正确无误地被公众所理解。况且，如果公众过分依赖于中央银行做出完全正确的决定，结果也许会适得其反。如此，倒不如通过中央银行的交流对中央银行政策和行为做出解释，对政策的一些说明甚至比政策行为本身更能影响市场参与者的心理和行为，也许能使得可供选择的政策措施应用起来更加灵活，并有效达到政策目标。

中央银行与公众交流时扮演着双重角色。首先，中央银行作为信息的提供者，通过与公众的交流有助于引导预期。其次，中央银行与公众的交流作为一种金融服务成为关注的焦点，也成为与金融市场参与者信奉的一种协调策略。对于后者，交流可能产生风险，减少福利，因为市场参与者可能会过多关注中央银行在交流中所提供的信息而太少关注他们自己的私有信息，特别是中央银行披露信息不确切或出现噪声时，也许会引导市场偏离均衡点从而减少福利。

Ehrmann & Fratzscher（2007）[2] 的实证研究假设中央银行与公众的交流对福利有重要影响且中央银行政策行为有可预见性。实证数据采用的是美联储

---

① Bohl, M. T., & Siklos, P. L.（2007）. Do Words Speak Louder than Actions: A Stuy of the Monetary Policy of the Bundesbank". Journal of Macroeconomics 29, 368 – 386.

② Ehrmann, M., & Fratzscher, M.（2007）. Social value of public information testing the limit to transparency European Central Bank, working paper series No. 821.

实时新闻专线报道，其中包括委员会的陈述和各个美联储公开市场委员会（FOMC）成员的声明。结果表明，交流对短期政策的可预言和未来政策取向的不确定性产生了经济上的显著影响。交流效应是否依赖于中央银行所公布信号的确切程度还有待进一步考察，但是，更确切的信号有助于市场更好地预测未来的决策。相反，中央银行对货币政策的交流如果不能保持统一口径，观点和表述多样化的倾向会减少决策的可预见性，使市场参与者了解未来的货币政策取向的能力更差。更重要的是，如果金融市场参与者过度依赖中央银行的交流，交流效应就会更严重地损害政策的可预见性。因此，交流效应高度依赖于央行的声明。总体来说，市场环境越是不确定，交流效应就越大。这意味着交流政策有着很重要的平衡取舍问题。

欧洲中央银行体系建立之前，德国的中央银行，即德意志联邦银行一致被冠以最成功中央银行的美名，这种成功通常用标准的货币政策反应函数模型解释，认为德意志联邦银行是依据经济冲击来调整利率的，特别是设置了通货膨胀目标。但是 Bohl & Siklos（2007）[1] 认为，一般利率规则不能解释德意志联邦银行货币政策实施的关键因素，标准反应函数不能解释经济冲击之外的政策行为，这种关键和重要因素就是中央银行官员与公众的交流，这一因素在政策反应函数的模型中未能得到充分体现。成功的中央银行与公众的交流作为体现货币政策意图和影响预期的信号，可以维护中央银行的信誉，甚至可以作为一项货币政策工具，姑且称之为"公开口头操作"（open mouth operation）。在研究方法上，可以设立一个单独的中央银行反应函数，以中央银行官员与公众的交流作为替代变量，从而作为标准反应函数的补充。德意志联邦储备银行的高度独立性也被认为是其货币政策成功的因素之一，相反，印度中央银行并未获此殊荣，但是中央银行与公众的交流却获得很大改善，从而加强了印度中央银行事实上的独立性（Reddy，2008）[2]，这从另一个侧面验证了交流的正效应。

中央银行与公众交流的重要性获得了大部分理论和实证研究的支撑，但是，什么是最佳的交流策略？是否存在这样一种适应于各国中央银行的交流策略？这个问题也引起了很多经济学界和中央银行家们的兴趣。

---

[1] Bohl, M. T., & Siklos, P. L. (2007). Do Words Speak Louder than Actions: A Stuy of the Monetary Policy of the Bundesbank. Journal of Macroeconomics 29, 368 – 386.

[2] Reddy, Y. V. (2008). The Virtues and Vices of Talking About Monetary Policy: Some Comments, the BISAnnual Conference at Luzern, Switzerland.

中央银行与公众的交流内容通常有四个方面：总体目标和策略，特定决策的动机，经济概览和未来的货币决策取向（Blinder，2008）[①]。对于中央银行与公众交流这一问题的分歧并不在于交流的内容，而是具体的交流策略。事实上，各国中央银行获得的授权是不同的，即使相同，各个中央银行基本上都在追求不同的交流策略。而交流策略在很大程度上依赖于中央银行操作的制度环境、决策过程的特征和货币政策委员会的结构。中央银行与公众的交流需要依据这些结构和制度环境的差异而量体裁衣，确定交流方式和程度。

有研究表明，美联储更多地追求个体交流策略而采用合议法决策，因为美国联邦公开市场委员会（FOMC）个体成员的观点差别很大。相反，FOMC的最终表决通常是高度合一的。而英格兰银行采用合议交流策略，即与公众交流时高度一致，却注重个体决策，即货币政策委员会（MPC）的决策表现出强烈的个人主义色彩，因为大多数的决策意见并非是完全统一的。欧洲中央银行（ECB）理事会和其他两者比较，在交流和决策时都表现出合议性（Ehrmann & Fratzscher，2005）[②]。欧洲中央银行的交流方法导向高度的政策可预见性，市场对政策制定者交流的反应也是如此。美联储尽管交流意见分散但决策时投票是一致的，市场有可能密切关注决策委员会中更有权威的成员，中央银行政策可预见性就很强。而英格兰银行交流合议但投票分散，面临可预见性差的风险。而实证研究基本支持这些假设。比如，美国市场对美联储主席话语的反应明显高于其他成员，而欧元区市场对ECB总裁的反应和对其他成员相比几乎没有差别。但是，美联储和欧洲中央银行在政策可预见性和市场反应方面达到了同样成效，这说明并不存在一种可以适用于各国的最佳中央银行的交流策略。

尽管货币决策有"科学化"的趋势，但是，货币政策的决策和实施过程在很大程度上是科学与艺术的结合，中央银行和公众的沟通与交流也是如此，近年来，各大中央银行在审视货币政策交流实践时更看重后者。

迄今为止，几乎所有的研究都在强调中央银行对公众的交流，而未涉及

[①] Blinder, A. S., Ehrmann, M., Fratzscher, M., Haan, J. D., & Jansen, D. J. (2008). Central Bank Communication and Monetary Policy：A Survey of Theory and Evidence. Journal of Economic Literature, (forthcoming), CEPS working paper No. 161.

[②] Ehrmann, M., & Fratzscher, M. (2005). Communication and decision – making by central bank committees：different strategies, same effectiveness? European Central Bank working paper series. No. 488.

公众对中央银行的反向交流（Cihak，2007）[1]，也就是说，市场参与者和公众在这一交流过程中处于被动地位或从属地位。那么，中央银行与公众的双向交流是否必要以及对市场预期和货币政策实施效果会产生何种影响，也许会成为今后研究中央银行货币政策透明度和公信力的一个新的角度。

Hall（2008）[2]曾提出，货币政策的公信力不仅是一种经济关系，更是一种社会关系。鉴于货币的社会性质，主体间预期（Intersubjective expectation）[3]会取代理性预期，而且将加深中央银行货币决策过程的透明度，使中央银行与公众的交流策略变得更为复杂。当中央银行与市场参与者间成功地建立了"可信"和"透明"的主体间预期，中央银行的货币政策将保持稳定，那么向着中央银行独立性和透明度的制度性收敛就可以构成强化全球金融治理的有效工具。

Shambaugh & Shen（2018）[4]将透明度的含义扩展，采用 HRV 透明度指数观察全球 125 个国家在 1980—2010 年透明度对通胀危机和货币危机久期的影响，这种方法拓宽了研究的视野。以往的研究过于专注央行透明度对市场预期的影响，忽略了一国政府的透明度对整体经济的影响。广义的透明度研究尝试证明透明度的提高在应对危机时具有明显的优势。较高的政府透明度可以向公众提供有关现存经济条件的信息，提高经济政策的可信度和可预见性，通过央行和其他政府官员所表明的政策主张增强政策选择的信心和效力，最终将缩短危机的时限。换言之，透明度具有缩短危机久期，加速经济复苏的优势。

央行货币政策透明度的重要性在全球的中央银行治理中得到普遍的认可，透明度既是保持货币政策公信力的重要因素，也是中央银行影响资产价格和利率的关键，由此有效管理市场预期并最终达到货币政策目标。当今的金融市场和全球经济中充满着不确定性，货币决策及其实施变得更加困难。市场参与者和公众对中央银行货币政策的透明度和可预见性提出了更高的需求。

---

① Cihak，M.（2007）. The science and art of monetary policy communication. , Czech Journal of Economics and Finance，57，No. 11 – 12.

② Hall，R. B.（2008）. Central Banking as Global Governance：Constructing Financial Credibility，CambridgeUniversity Press：1 – 10.

③ Intersubjectively 一词来源于现象学，被称之为"互为主体性"，或称相互主观。简单地说就是对于"真实"的认定，如果两个主体的主观相同，便认定为真实。

④ George E. Shambaugh and Elaine B. Shen（2018）. A clear advantage：The benefits of transparency to crisis recovery. European Journal of Political Economy Available online 20 March 2018.

第2章　货币未来之思辨

在以往的20年间，在维护坚挺货币的斗争中，各国政府不得不放弃对中央银行发号施令的权力。从此，货币再也不会委托给政治家进行管理，本世纪的多数情况下他们的管理都是十分糟糕的。欧洲中央银行是这种观点的工具：货币太重要了，人们不能把它交给政治家处置。在货币方面没有认真负责的政治家。民主的货币是最糟糕的货币。[①]

——多恩布施

世界已经进入了数字货币的时代。在数千年的货币发展史上，当货币发展成为一种信用货币之后，货币就演化成了一种纯粹的价值符号和交易媒介，而不再具有商品属性，货币属性发生了质的变化。信用货币（Credit money）这种信用手段不过一种契约，被当作货币使用是因为它也有价值，它的价值建立在其信用声誉之上。实际上，这些名义货币从它的本质来说一文不值。它的价值只在于它能够获得普遍的接受。如今的信用货币已从纸币过渡到数字货币。

从技术上说，数字货币的出现有其必然性，但其发展过程中也会形成某些不稳定的因素，进而对金融稳定构成了现实威胁或实质的冲击。中央银行与监管有必要对这些不稳定因素予以约束和监管。

数字货币的面纱

数字货币（digital money）是一种只能以数字方式表现的货币，代表与纸币同样的价值。数字货币可在瞬间交易，完成无边界的所有权转让。虚拟货币、加密货币甚至中央银行发行的数字基础货币都涵盖在数字货币之中。其中，有些电子货币可以同纸币一样购买商品或服务，而另一些只能限定在某种社区内使用。

---

① 鲁迪·多恩布施：《全球化陷阱》[M]．北京：中央编译出版社，2000年。

国际清算银行 2015 年的《数字货币报告》[①] 将数字货币定义为"以数字形式代表的资产，并具有某些货币特征"的一种货币。在发行者可以主权货币命名并负责赎回而付现的情况下，体现为电子货币。如果数字货币以自身的价值单位标价自主发行或分散发行，被称为虚拟货币。

较早界定虚拟货币的是欧洲中央银行（2012）。虚拟货币为"一种不受管制的数字货币，通常由发明者发行和掌控并被虚拟社区接受和使用"。[②]

随着互联网的普及，网络空间和虚拟社区迅速扩大，社交网络无处不在。虚拟社区内可以流通由各种目的而创造的数字货币。虚拟货币如此繁杂以至于很难将其分类。欧洲中央银行依据各种虚拟货币与现实货币与经济的关联将其分为三类。（1）封闭式虚拟货币设计，仅供虚拟的游戏世界使用，例如，魔兽世界的金币，与现实经济几乎毫无关联，收付皆为虚拟货币，理论上不可在虚拟世界外部交易。（2）虚拟货币的单向流动，即虚拟货币可与实体经济货币（real economy money）以特定比率兑换，但不可反向兑换，交换条件由设计者设定。这类虚拟货币可用于购买虚拟商品和服务或真实商品和服务。例如脸书信用和 PayPal。（3）虚拟货币的双向流动。此类虚拟货币依据与真实世界的互通性，可在虚拟世界和真实世界畅通。例如 3D 网络游戏 Second Life（第二人生）里的虚拟游戏币，可与美元进行双向兑换，并存在浮动兑换率，以避免第二人生内部的通货膨胀。这些虚拟货币方案关系到金融体系的各个方面，考虑到虚拟货币对支付体系的刺激作用和货币当局所肩负的监督责任，各国央行普遍予以关注。

虚拟货币（virtual currencies）与互联网相伴而生。自 2009 年比特币诞生以来，虚拟货币的种类和市值均出现了急剧增长，已经逐渐成为全球资产配置的一种新型渠道，吸引了越来越多的投资者和投机者的目光。

虚拟货币不同于电子货币（electronic money）。后者可用一定金额的现金或存款从发行者处兑换并获得代表相同金额的数据或者通过银行及第三方推出的快捷支付服务，通过使用某些电子化途径将银行中的余额转移，从而能够进行交易。虚拟货币不具有法定货币所呈现的实体对应物，也不存在明晰的法律框架。没有央行涉足其中，发行者通常是私有的非金融公司，这意味

---

① BIS（2015）. Digital currencies. Committee on Payments and Market Infrastructures. it is available on the BIS website（www. bis. org）.

② European Central Bank（2012）. Virtual Currency Schemes，October 2012.

着典型的金融部门的管理和监管安排不适合此类公司。虚拟货币与传统的法定货币之间的关联并非由法律来约束，资金需要补偿时就有可能遇到问题或付出代价。此外，虚拟货币以不同国家货币命名，实际控制权在发行者之手并掌管供给量。

作为一种金融创新，虚拟货币为消费者提供可供选择的支付手段和便利。对使用者而言同时也意味着风险，尤其是在目前监管缺失之时。尽管就当下虚拟货币的规模而言，仅仅是演进中的一个产物，风险仅限于使用者本身，尚未危及金融体系的稳定。但在概念上，相对于真实货币和支付体系，虚拟货币体现了实质性的变化。传统金融机构、票据交换所和央行均被排除在外。尽管虚拟货币使用者同样暴露在信用风险、操作风险和法律风险之中，但如果缺乏严密监管，再加上法律的不确定性，行骗者、罪犯和洗钱者就会大行其道。如果因技术或其他原因大规模增加时，那么，风险就会扩散，并危及央行的信誉，就有可能动摇货币体系的核心。所以，最根本的问题是，虚拟货币作为特定社区的交换媒介和记账单位，它是否可靠到足以充当贮藏价值的功能，抑或是不仅仅使用者要背负风险，甚至贻害经济？

在欧洲中央银行 2012 年首次做出虚拟货币的分析报告后仅仅时隔两年，虚拟货币的扩张如此之快，以至于欧洲中央银行于 2015 年再次对虚拟货币做进一步的分析。实际上是重申和确认 2012 年分析报告的主要立场。新的研究报告指出[①]，诸如比特币这类的虚拟货币并非由中央银行、行用机构或电子货币机构发行，从法律的角度而言并非货币。虚拟货币的生态系统（ecosystem）暴露了越来越多的缺陷和劣势，比如，缺少透明度性和清晰度以及持续性，并且高度依赖 IT 和网络，大量的匿名者涉足其中，且高度波动。使用者直接参与虚拟货币生态系统中，面对与该支付体系所固有特征相关的各种风险，比如，与匿名收款人相关的对手风险；与大幅波动相关的兑换风险；与内部结盟以及缺少透明度相关的投资欺诈风险；等等。目前尚无保障措施来保护使用者远离这些风险。国际金融机构和多国央行考虑到国际金融体系一体化的潜在风险，已就上述风险警示虚拟货币的持有者和交易者，且开始采取不同程度的管制行动或发布禁令。

比特币既是虚拟货币，也是一种加密货币（cryptocurrencies）。对比特币和其他类加密货币的研究不断地有新的文献见之于报纸杂志，普遍关注的是

---

① European Central Bank（2015）. Virtual currency schemes a further analysis.

加密货币的市场价格波动性和测度方法以及作为一种资产组合如何管理投资风险（Dwyerab，2015[①]；Peng，et al.，2018）[②]。最脍炙人口的加密货币有比特币（BTC）、以太坊（ETH）、达世币（DASH）等。比特币和类加密货币是易波动资产并具有明显的投机成分，由于这类货币名目的迅速增加，实业界和学术界对它们的兴趣从最初的计算技术转向从经济角度探究其特征。Tomása 和 AnaIbañezb（2018）以比特币为例求证加密货币市场的特征为半强有效市场。通过对比特币半强有效市场的检验观察市场对货币政策的影响。结果表明，随着时间的推移，该市场的有效性与自身事件相关，而不受货币政策冲击的影响，说明比特币不存在任何形式的控制，这种金融资产与央行的防治措施无关。无论倾心于比特币的投资者还是研究比特币市场的学者都注意到加密货币市场的投机性泡沫，而且其包含的投机成分巨大，基础价值为零。经验证明，加密货币市场与其他市场呈现同样的程式，即投机性泡沫这一弱点（Cheah & Fry，2015）[③]。

IMF《2018 年全球金融稳定性报告》[④] 估计，全球加密资产的市值在 2017 年 12 月增加了 6000 亿美元，这个数字还不包括交易所以外的交易。而以往一年的增长量不超过 250 亿美元。

加密资产的增长，相关的投资基金和期货合约出现，增加了主流投资者的机会，但这种投资基准的扩大导致加密资产和传统资产的相关性，尤其在风险规避时期，潜在地增加了冲击的传递。投资基准的扩展，以及加密市场缺乏透明度，就有可能提高与商品市场动荡的相关性。冲击的传递有可能因加密资产基础交易的无边界特征以及不同的国家管理方法这两个因素而放大（Zhang，2018）[⑤]。

---

①　Gerald P. Dwyer（2015）The economics of Bitcoin and similar private digital currencies. Journal of Financial Stability Volume 17，April 2015，pp. 81 – 91.

②　Peng，et al.（2018）. The best of two worlds：Forecasting high frequency volatility for cryptocurrencies and traditional currencies with Support Vector Regression. Expert Systems with Applications Volume 97，1 May 2018，pp. 177 – 192.

③　Eng – Tuck Cheah and John Fry（2015）. Speculative bubbles in Bitcoin markets? An empirical investigation into the fundamental value of Bitcoin. Economics Letters. 130（2015），32 – 36.

④　IMF，Global Financial Stability Report：A Bumpy Road Ahead. April 2018.

⑤　Tao Zhang（2018）. Digitization of Money and Finance：Challenges and Opportunities. Speech for Atlanta Federal Reserve Bank Conference. IMF Deputy Managing Director. May 8，2018.

事实上，在比特币这类典型的加密货币交易市场上，交易者所表现出的狂热表明了它的投机性质，大起大落的市场走势暴露出泡沫的所在，即潜藏的金融风险。2017 年加密资产的价格暴涨，引发的投机泡沫类同于 18 世纪的南海泡沫。如果规模较小，市场波动无关紧要。若规模扩大，价格急剧上涨时，就可能累积风险，如果市场参与者因为购买加密资产而抬高杠杆，市场脆弱性就会显现。加密资产扩大投资基准的同时，也吸引了洗钱者、逃税漏税者和恐怖主义融资。这种资产价格泡沫，稍有风吹草动，崩盘的结局将增加系统性金融风险，引发金融不稳定。因此，各国货币当局或监管部门的态度由宽容逐渐变得严厉，表现得更为谨慎。

央行对加密货币的关注

20 国集团（G20）2018 年 2 月曾以比特币为题进行公开辩论。辩论的最终目的是要提出关于如何在全球范围内管理加密货币的建议，至少表明主要国家的央行对加密货币管理的诚意。至于是否遵循最终的建议则见解各异。几乎可以达成共识的是，金融行动特别工作组（FATF）——成立于打击洗钱和恐怖主义融资的一个政府间机构——会将它的标准应用于各自国家的加密货币市场。巴塞尔金融稳定委员会（FSB）[①] 认为，目前加密货币的规模不会对全球金融稳定构成风险，因此决定不着手建立全球加密货币规则。一方面，G20 认可技术创新，包括潜在的隐性资产，有可能提高金融体系和经济的效率与包容性；另一方面，加密资产的确会引发消费者和投资者保护、市场诚信、逃税、洗钱和恐怖融资等问题，因此而引起的主要担忧在于加密货币缺乏主权货币的关键属性，在某种程度上可能产生对金融稳定性的负面影响。

对于加密货币，IMF 总裁拉加德最初的看法是，随着经济的发展，中央银行对加密货币的最佳回应是继续执行有效的货币政策，同时接受新的想法和新的需求。IMF 货币与市场部发文倡导，各中央银行应努力使法币更加稳定，也使得法币在数字时代更有吸引力，并向中央银行建议了三个应对措施

---

① 巴塞尔金融稳定委员会（Financial Stability Board，FSB）于 2009 年 4 月 20 国集团峰会时建立，其前身是巴塞尔金融稳定论坛，旨在监督全球金融体系，并对成员国引荐相关建议。成员国包括所有 20 国集团成员，金融稳定论坛的成员以及欧盟委员会，由巴塞尔的国际清算银行主持并运作。

以面对加密货币带来的潜在竞争。He（2017）① 在讨论无边界支付问题时谈到，中央银行数字货币（Central Bank Digital Currencies，CBDC）并不是同另一个国家的货币并行使用的流通货币，它只是一种央行货币的数字形式。发行 CBDC 的可行性在于 CBDC 可以降低个人和小型企业的交易成本，并允许长途交易。中央银行也可以从加密资产的基础技术中获益，大数据、人工智能和机器学习等技术的应用有助于提升央行的预测能力，有利于货币政策的制定。

鉴于近期数字货币市场的剧烈波动，引起了市场普遍的担忧。事关金融市场的稳定，难以等闲视之。因此，拉加德在2018年强调，加密市场必须受到适用于传统市场的相同的法律约束，并严加管制，因为加密货币可能会威胁传统金融市场的稳定性，须在 IMF 的协助下从全球角度考虑规则的制定。

实际上，全球主要国家对加密货币的兴趣起伏不定，对加密货币的立场和行为也有着显著的差别，从积极和包容到消极和禁止，在不同的时段，立场和规则各异，这同样与数字货币的市场波动密切相关。

澳大利亚在加密货币监管方面一直非常积极而直接，实施过一些诸如要求加密货币交易所进行注册登记的条例。决策者认为，针对加密货币制定的计划和法规并非不合理或者具有破坏性，相反，这些法规可被视为对国家和加密货币总体而言是有着进步意义的。澳大利亚税务局采取了切实措施，控制加密货币，促其纳税，监管加密货币消费。该国最近对加密货币交易所的授权表明，澳政府正试图介入并控制本国的加密货币，这也许是政府对加密货币采取监管的切实证据。但澳大利亚已经开始看好加密货币，监管当局将通过指定专门的监管机构来提供更高的监管确定性，甚至紧随日本之后宣布加密货币为法定货币。澳大利亚政府认为加密货币具有很大的潜力，包容区块链技术，用数字代币进行金融升级等。澳大利亚政府自我定位"已抢占市场先机"。法国最高行政法院国务委员会认为加密货币利润应该被视为"可移动的财产"，并重新编写了自2014年以来实施的相关条例，降低税率。法国财政部部长布鲁诺·勒·梅尔（Bruno Le Maire）准备在2018年阿根廷 G20峰会上要求将加密货币列入会议议程。阿根廷是南美地区重要的加密货币中

---

① Dong He（2017）. Fintech and Cross - Border Payments. Dong He, Deputy Director, Monetary and Capital Markets Department, IMF Ripple - Central Bank Summit Carnegie Hall, New York, November 1, 2017.

心，尽管从未繁荣起来，但具有用加密货币购买有形资产的优势。阿根廷更感兴趣的是区块链技术所体现的巨大潜力。

日韩对这个领域表现出极大的兴趣。当日本在几年前宣布比特币为法定货币时成为日本的头条新闻。对新金融科技的接受相对保守的日本，对待虚拟货币却是如此的冷静和开放。然而，问题随着比特币的火爆接踵而至。虚拟货币招致黑客攻击，市场的价格动荡，也唤来日本的虚拟货币交易法，对虚拟货币进行保障和监管，规制交易的风险。韩国已成为全球最为活跃、规模最大的比特币交易市场之一，尽管其间也曾饱受虚拟货币投机成风和严重的市场扭曲现象，以至于就加密货币问题召开紧急会议，商讨对加密货币交易征收收益税，甚至施加限制或全面禁止比特币交易的举措，但韩国央行依然坚持既定的方针，于2018年5月宣布考虑为其建设"无现金社会"的计划开发加密货币和区块链应用，并在同时公布的《2017支付报告》中宣布了雄心勃勃的"无现金社会"试点计划，该计划的主要目标在于为客户提供便利，并减少制造实体货币的成本。此外还成立了一个组织来调查数字货币并分析加密货币可能对整个金融系统产生的影响。

美国、德国、新加坡、意大利等国更多考虑的是如何进行分类监管。美国证券交易委员会（SEC）正在研究如何监管虚拟货币交易。2017年12月4日，SEC首次针对"初始代币发行"（ICO）发起诉讼，指控其中的欺诈行为。新加坡对ICO下的代币性质认定及不同情况下的监管措施均做出了分类。德国强调的是对加密货币的有效监管，认为控制加密货币的唯一方法是国际合作。

英国自2015年起开始着手研究加密货币，并一直考虑推出自己的加密货币，时至今日则决定放弃这一计划，主要顾虑在于未来无法通过使用利率政策来维持金融稳定性。传统纸币的需求是相当有弹性的，这种需求会通过价格变化对货币利率做出回应。假如中央银行认为经济发展过程中债务过高，那么会通过提升利率来减少借贷需求，从而刺激国民增加储蓄。从理论上说，这将会阻止一场最终会破裂的债务泡沫。假如中央银行认为经济需求不足，就会削减利率将使债务更便宜，刺激国民增加借债和减少储蓄，从而增加经济总需求。与此同时也将支持经济增长。由于无法确定是否能够在加密货币经济中维持这种弹性，以及是否会破坏央行通过利率维持经济稳定性的能力，因此而改变了初衷，尽管英格兰银行依然青睐区块链技术在金融领域的巨大应用前景和潜力。实际上，英格兰银行直截了当地就加密货币投资持续存在的风险发出警告。

有些国家如瑞士，央行对数字货币的态度保持中立，虽然不介意它的存在，但只是观望。2018 年 2 月，瑞士金融市场监管局（FINMA）发布了 ICO 的监管框架，将数字代币分类监管。在他们看来，数字货币背后的区块链技术依然过于"原始"，也许这项技术有朝一日将渗透整个经济，但不是现在。采用这类技术发行数字货币的冲动要让位于金融稳定的政策。

中国并未认同代币的货币属性，但代币发行融资行为被认为可能涉嫌非法发行证券，因此不排除代币发行融资中的代币被认定属于证券的可能。2017 年 9 月，中国人民银行等七部委发布《关于防范代币发行融资风险的公告》指出，代币发行融资中使用的代币或"虚拟货币"不由货币当局发行，不具有法偿性与强制性等货币属性，不具有与货币等同的法律地位，不能也不应作为货币在市场上流通使用。代币发行融资是指融资主体通过代币的违规发售、流通，向投资者筹集比特币、以太币等所谓"虚拟货币"，本质上是一种未经批准非法公开融资的行为，涉嫌非法发售代币票券、非法发行证券以及非法集资、金融诈骗、传销等违法犯罪活动。

比特币及其衍生金融交易如火如荼，没有价值支撑的比特币，身价何以扶摇直上？无论是从涨幅还是从币值本身看，比特币都泛滥着泡沫的味道。其所谓的优势：稀缺性、保真性、强流动性、透明度以及去中心化等，都只是投机的幌子。身世之谜、加密货币光环、总量控制不会通胀、"去中心化"，具有安全而又"无拘无束"的属性等，给了投机者一夜暴富的想象空间，披上了貌似"合法"的外衣，也使得比特币更像是 17 世纪荷兰的郁金香泡沫。①2017 年 9 月，中国虚拟货币交易全面叫停，以有效地切断公众使用和交易数字货币的行为。

加密货币的快速发展已经超出了传统法规的监管范围。目前各国所制定的法规都是被动和碎片化的，没有一个国家制定了全面而具有前瞻性的数字货币监管策略。

为了回应央行、私人部门和公众对数字货币日益增加的兴趣，国际清算银行（BIS）支付和市场基础设施委员会（CPMI）于 2018 年 3 月发表了央行

---

① 参见人民日报：《比特币泡沫泛滥，所谓优势不过是投机的幌子》，2018 年 1 月 3 日。

数字货币（CBDC）的研究报告①。报告指出，数字货币可能颠覆央行对货币发行的掌控能力。例如比特币这样的数字货币，以及作为其基础的去中心化总账技术区块链，可能会影响到央行和更为广泛的全球金融体系。广泛采用数字货币替代银行纸币，其结果也许构成中央银行铸币税收益的减少。而央行收集货币总量数据的能力，或货币供应量测度的能力，同样会因为数字货币的应用更为普遍而受到抑制。当货币政策过于注重货币总量的增长时，这种测度困难可能会产生一些货币政策实施的并发症。分布式总账技术的出现对于央行而言是一种假定的挑战，它不会通过一些其他的中央主体来替代央行，而主要是因为它减少了中央主体的机构功能，在一些极端的情况下，对中央主体某些功能的需求会消失。在另一些极端情况下，一个由中央机构发行的主权货币，也可能会因为那些不属于任何中央机构所发行的非主权货币协议而减弱其权威性。

探索数字货币的中国模式

中国人民银行一直高度关注数字货币发展。自 2014 年起组织专家成立专门的研究团队，对数字货币发行和运行框架、数字货币关键技术、数字货币发行流通环境、数字货币面临的法律问题、数字货币对经济金融体系的影响、法定数字货币与私人类数字货币的关系、国外数字货币的发行经验等进行深入研究，已取得大量成果。

周小川（2018）② 曾系统地阐释了中国人民银行关于数字货币的研究进展以及应用前景。随着金融科技的蓬勃发展，数字货币成为国内外广泛研讨的课题。全球央行一直在关注着货币数字化演进状况，主要经济体央行加快了应对策略的研究和评估进程。欧洲央行 2015 年详细评估了最近兴起的"虚拟货币"产品对货币政策与价格水平稳定性的冲击；美联储提出了重构更快、更实时支付体系的行动计划；英国央行在各个层面提出将数字货币冲击以及法定数字货币发行纳入其研究日程。

中国人民银行研究数字货币并非着意于让货币去实现某一种技术方案的应用，而是要在本质上追求零售支付系统的方便性、快捷性和低成本。同时

---

① BIS – Committee on Payments and Market Infrastructures Markets Committee, Central Bank Digital Currencies. March, 2008.

② 周小川：《金融与发展的相关问题》，十三届全国人大一次会议记者会，2018 年 3 月 12 日。

必须考虑安全性和保护隐私。在多样性底层技术路线的选择上，既可以是以区块链为基础的或者是分布式记账技术（DLT）为基础的这类数字货币，也可以是在现有的电子支付基础上演变出来的技术。目前，国际上对于数字货币的技术路线也有了初步的分类，表明数字货币可能有多种可能的体系。周小川特别强调，对待数字货币要以更加审慎的态度，要注意整体的金融稳定、防范风险，同时要保证货币政策、金融稳定政策的传导机制以及保护消费者利益。对大国经济而言，须避免一些实质性和难以弥补的损失，因此，必须慎重。经过充分和局部的测试其可靠性再进行推广。

中国人民银行副行长范一飞谈到，中国幅员辽阔、人口众多，各地区经济发展、资源禀赋和人口受教育程度差异较大，在设计和投放（发行）、流通央行数字货币过程中，要充分考虑系统、制度设计所面临的多样性和复杂性。

中央银行与代理投放的商业机构的双层投放模式被认为是既适合中国国情，又能够充分利用现有资源调动商业银行积极性的选择。（1）"双层投放"有助于分散化解风险。央行数字货币直接服务公众，涉及千家万户。通过两级投放的设计，可避免将风险过度集中。央行数字货币的投放不改变流通中货币的债权债务关系。为保证货币不超发，代理投放机构需要向央行按100%全额缴纳准备金。所以，公众所持有的央行数字货币依然是中央银行负债，由中央银行信用担保，具有无限法偿性。（2）"双层投放"可以避免"金融脱媒"。由央行背书的央行数字货币的信用等级高于商业银行存款货币。采用双层投放，可避免与商业银行存款货币形成竞争关系从而对商业银行存款产生挤出效应。此举可保持商业银行的贷款投放能力和金融稳定。（3）不影响现有货币政策传导机制，不会强化压力环境下的顺周期效应，因此也不会对现行实体经济运行方式产生负面影响。该模式更有利于发挥央行数字货币的优势，节约成本，提高货币流通速度，提升支付便捷性和安全性。

此外，由于具有央行背书的信用优势，有利于抑制公众对私有加密数字货币的需求，巩固货币主权。发行法定数字货币是中央银行自身的一场革命，将重塑央行与商业银行以及央行与政府财政乃至整个政府部门的关系。

第3章 国际货币的博弈

特别提款权货币篮子的扩大对于特别提款权、基金组织、中国和国际货币体系都是一个重要的、历史性的里程碑。对基金组织来说,这是一个重大变化,因为这是自欧元采用以来第一次将一种货币增添到篮子中。①

——拉加德

2007—2008 年的金融危机暴露了现行国际货币体系的缺陷——将国际货币体系建筑在单一全球性主导货币之上。目前的国际货币体系处于一种松散的状态,除了在一些区域范围内成员国还在努力坚持单一货币或货币联盟内部的合作之外,在全球范围内如何建筑一个合理有效的国际货币体系仍然未见进展。

1944 年,刚刚从第二次世界大战的创伤中恢复元气的 100 多个国家的领导人聚首美国东部新罕布什尔州的布雷顿森林,商讨统一西方的国际货币体系,确保货币稳定,为国际贸易提供便利,于是诞生了布雷顿森林货币体系。在这一体系中,美元与黄金挂钩,美国承担以官价兑换黄金的义务。各国货币与美元挂钩,美元处于中心地位,起着世界货币的作用。而黄金无论在流通还是在国际储备中的作用都有所降低。只是因为黄金是稳定这一货币体系的最后屏障,因此,黄金的价格及流动仍然受到较为严格的控制。在世界经济格局发生巨变后,布雷顿森林货币体系难以为继,自 20 世纪 70 年代中期最终解体。自此,国际货币体系处于较为松散的状态中。

历史视角:"特里芬难题"

"特里芬难题"(Triffin Dilemma)是指储备货币发行国在实现国内目标和履行本国货币的国际职能之间往往面临艰难抉择。为了应对金融危机和经济

---

① Christine Lagarde (2016). IMF Launches New SDR Basket Including Chinese Renminbi, Determines New Currency Amounts, 30 September, 2016.

衰退，美国通过大量发行美元以刺激国内需求。这必然威胁到美元的价值稳定，并直接影响它作为国际储备和价值贮藏货币的吸引力。相反，如果美元专注于履行其国际储备货币职能，美国的国内目标将无法实现。

第二次世界大战后以美元为中心的固定汇率制中的锚货币是美元，具有"天然"的非对称性问题（Mckinnon，1996）[1]。从历史的角度看，把驻锚任务交付给某个主权国家的国内货币当局非常有效。如果这个驻锚国在经济上具有主导地位，而且金融非常稳定，其他国家就会自愿稳定本国货币同锚货币的汇率。但是，这种"天然"的非对称性不可能永久持续下去，不仅未来的金融巨变可能超出驻锚国中央银行的控制之外，规则自身也将导致制度安排的失败，例如滥用额外的自由度，即无节制地发行货币，就会给其他国家带来损害。然而，为了协调各国的货币政策，更具对称性的规则也需要稳定的名义锚。如果限制了汇率的波动范围，同时没有限制共同的价格水平，这种协议安排还是不合意的。如果不由单个国家承担名义锚的义务，能否找到一种新的、更具对称性的国际货币秩序？这正是国际货币制度改革的关键所在。

固定汇率平价体系的崩溃并非美元本位的终结，尽管固定汇率制遭受重创，并没有影响到官方和私人部分使用美元作为国际货币的惯例，依然存在"使用某种货币作为国际货币本身强化了这种货币有用性"的规模经济。美元本位呈现一种刚性（Krugman，1984）[2]。在私人交易和清算中，作为国际交易媒介，美元仍然是银行间清算的主要交易通货，私人外汇交易市场上，用美元进行清算的现期和远期交易为90%。其他商品交易中，美元作为计价货币也占统治地位。作为货币当局干预货币，美联储以外的各国中央银行通常采取官方干预行动平滑或直接影响本国货币相对美元的汇率变动，几乎与固定汇率制下的干预行为一样普遍。唯一的例外是20世纪90年代在欧洲内部用德国马克作为主要的干预货币，在很大程度上取代了美元。由此，美元作为货币储值货币的重要性也自然提高了。其结果，美元依然保持其国际货币的重要性，其他国家考虑如何将本国货币对美元汇率保持在合适的水平上，美国仍然在很大程度上独立执行自己的货币政策，并且最终给外汇市场带来影响。

---

[1]　麦金农：《麦金农经济学文集》［M］. 北京：中国金融出版社，2005。

[2]　Krugman，Paul（1984）. The International Role of the Dollar：Theory and Prospect. Chicago Press，1984.

　　2007—2008 年的金融危机暴露了现行国际货币体系的缺陷。全球金融危机的教训之一在于，将国际货币体系建筑在单一全球性主导货币之上，尤其严重的是，这次危机过程中所引发的美元短缺影响了全球金融市场的正常运作并严重阻碍了国际贸易与金融交易。美元短缺的灾难性后果向世界发出警示，以美元为主导的国际货币体系隐藏了极大的系统风险。以一国主权信用货币作为国际储备货币无法摆脱"特里芬难题"。所以，选择或创造一个长期价值稳定的国际储备货币是未来的国际货币体系安排中重要的组成部分。

　　世界走过最近一次危机近 10 年，国际货币体系的改革举步维艰。在 IMF 有着重要话语权并一向标榜自由贸易的美国，如今却不断地挑起贸易战。如同 Nathan and Luskin（2011）[①] 所指出的，政府的肆意妄为最狂热的表现是屡次危机中贸易保护主义的兴起。贸易保护主义身着时尚的外衣，以爱国者的词语点缀，在浅薄的伪装下则是一副教条主义的躯体，只能在政府强制的效力中得以生存，盲目地迷信于贸易保护主义的神话与建立基于信心的国际货币体系是相冲突的。解决之道就是世界市场上各国间的自由贸易，并且建立一个基于稳定和有预见性以及世界各国资本自由流动的货币体系。

　　从布雷顿森林体系开始，现行的国际货币体系所发生的主要变化有两点。一是欧元的问世；二是人民币进入特别提款权的货币篮。只有一个国家的主权货币作为全球储备货币已经越来越不适应世界经济发展的新格局。国际资本流动难以监控，汇率大幅度波动，金融风险缺乏预警，救助无策。如果现行国际货币体系不加以改革，对已然发生和即将发生的全球性金融危机便无能为力。

黄金的非货币化

　　布雷顿森林货币体系在其运行的 30 多年间面临着多方挑战。屡次经济危机的冲击和"越战"的消耗，美国出现了严重的贸易逆差，触发了美元危机。逐演变成了 1968 年的黄金挤兑风潮，美国黄金储备大量流失。美国已无力维持自由市场的黄金官价，要求英国暂时关闭伦敦黄金市场，并召开黄金总库成员国中央银行行长紧急会议，决定美国及黄金总库不再按官价向黄金市场供应黄金，任其市场价格自由涨落；但各国政府或中央银行仍可按黄金官价

---

① Paul Nathan and Donald Luskin（2011）. The New Gold Standard：Rediscover the power of gold to protect and grow wealth. Publisher：（E）Joan O'Neil.

进行结算，由此建立了黄金双价制，使自由市场的黄金价格与其官价完全脱离。直至 1971 年，美元停止兑换黄金。1976 年 IMF 修订的《牙买加协议》规定废除黄金条款，取消黄金官价，成员国中央银行可按市价自由进行黄金交易；取消成员国相互之间以及成员国与 IMF 之间须用黄金清算债权债务的规定，IMF 逐步处理其持有的黄金。这些条文作为黄金非货币化的法律依据，最终葬送了布雷顿森林货币体系的前途。从此，世界进入了法定纸币本位时代。

在黄金非货币化的三十多年间，黄金不再是主要的国际货币，仅仅作为各国官方储备一个并不显著的组成部分。但是，以国家信用而不是以黄金作为唯一支撑的法定货币永远都有着过度发行的冲动。因此，在 2008 年全球金融危机爆发之后，有关黄金再货币化的讨论曾一度升温，法定纸币本位遭遇空前的质疑。

就国际货币的创设而言，可供选择的方案似乎并不多。那么，IMF 在1969 年发行的一项新的储备资产——特别提款权（SDRs）是否可作为一种替代呢？为了促使黄金的非货币化（或黄金经济化），IMF 将 SDR 作为黄金的补充，以减轻对美元的压力。特别提款权是一种记账法，号称纸黄金，但并不能兑换黄金。它行使与黄金同等的储备功能，但是，与黄金截然不同的是，它可以通过法令来创造。

决策者们选择特别提款权作为储备资产以替代黄金与美元，确有可能成功。然而，正如美元原本被认为可等同于黄金而实际上却行不通一样，特别提款权即使可以变成有形的纸黄金或可兑换为黄金和其他货币，也有生存之忧。真正的威胁不是来自特别提款权可能遭到与美元同样的失败命运，即无法提供货币稳定性，而是将特别提款权纳入正式货币体系可能造成的危害。如同美元替代黄金作为主要储备资产一样，特别提款权有一种很实在的潜能，对黄金与美元的作用产生一种递减效应，有可能改变 IMF 的性质，潜在地激励 IMF 的扩张性政策。所以，国际货币体系的改革和具体的运作体系需要详尽的设计和成员国紧密的合作。面对当前地缘政治博弈中的分裂倾向，这一改革变得更加艰难。

周小川（2009）[①]在 G20 伦敦峰会上指出，此次金融危机的爆发与蔓延使我们再次面对一个古老且悬而未决的问题，那就是什么样的国际储备货币才能保持全球金融稳定。他力主"创造一种与主权国家脱钩并能保持币值长期

---

① 周小川：《关于改革国际货币体系的思考》，中国人民银行网站，2009 年 3 月 23 日。

稳定的国际储备货币,从而避免主权信用货币作为储备货币的内在缺陷,是国际货币体系改革的理想目标"。这个创意延续了20世纪40年代布雷顿森林会议上凯恩斯所提出的设想,采用30种有代表性的商品作为定值基础建立国际货币单位"Bancor"。超主权储备货币可以克服主权信用货币的内在风险,摆脱非对称性所衍生的"特里芬难题",也为调节全球流动性提供了可能。由一个全球性机构管理的国际储备货币将使全球流动性的创造和调控成为可能,当一国主权货币不再作为全球贸易的尺度和参照基准时,该国汇率政策对失衡的调节效果会大大增强。这些能极大地降低未来危机发生的风险,增强危机处理的能力。

这一主张并没有得到欧美一些发达国家的认同,美国的反应尤为强烈,奥巴马反对建立国际储备货币,认为时机尚不成熟,况且美元仍然坚挺。实际上,从20世纪40年代布雷顿森林会议以来,国际货币博弈的历史很清晰地表明了美国政府从根本上维护强势美元地位的信念。美国与他国发生的货币摩擦,包括对人民币升值所施加的种种压力,不过是政治博弈的筹码。如果主要国家不采取积极的行动来矫正目前的国际货币体系,我们何以期待全球经济复苏的可持续?又何以避免另一场金融危机?

近来,IMF(2018)①的经济学家们正在探讨能否扩大SDR使用范围以平滑国际货币体系(IMS)功能并维护IMS的稳定。尽管对IMS的评估展示了相当大的弹性,但是在压力点聚集发作时依然表现脆弱,包括外部调节机制,透过全球金融安全网(Global Financial Safety Net,GFSN)所显露的官方流动储备的局限性,以及大规模的储备积累和系统的副作用等,均处于劣势。这些薄弱环节连同SDR货币篮的扩展激发了对SDR的兴趣和扩大使用SDR的经济合理性。

目前,SDR的使用包括三层含义,一是官方SDR(official SDR或O - SDR),即由IMF管理的储备资产,对目前的IMS所起的平滑功能作用有限,潜在的可能是通过法律机制扩大使用规模,从而做外部调节的缓冲,有助于减少预防性储备累积,提供灵活性的资金来源从而支撑IMF的借款能力,以应对大规模事件;二是市场SDR(market SDRs或M - SDR)是以SDR标价的金融工具;三是作为记账单位的SDR(unit of account U - SDR)。

普遍实施M - SDR和U - SDR面临很大的挑战,对IMS系统稳定的作用

---

① IMF(2018). Considerations on the Role of the SDR. IMF Policy Paper, April 2018.

受限，但二者具有相互强化和潜在互补的可能性。经济与技术的发展有助于
SDR 的扩大使用，官方的支持可以减少网络外部性。但最大的障碍和困难在
于 IMF 有关 SDR 使用的协议条款的修改。世界经济的多极化发展加剧了对国
际货币使用的不确定性，也会增加有关国际清偿能力的系统性风险。在这个
问题上，IMF 同样寄希望于 FinTech 可能带来的变化和影响，因为分账式技术
（Distributed Ledger Technologies，DLTs）将促进互联性，在影响储备货币吸引
力的同时，会放大系统对资本流动的波动性和外溢效应的敏感度。这样的国
际金融环境呼唤对 SDR 的重新评估。但是到目前为止，IMF 并未提出扩大
SDR 使用的具体计划。FinTech 爆发性创新的背景和条件，给 IMS 的改革设想
带来了一线希望。

国际舞台上的人民币

就世界经济格局而言，中国经济占世界经济的十分之一，外汇储备占全
球外汇储备的三分之一，同时是最大的金融债权国。人民币在国际舞台上应
该具有与所扮演的经济角色相称的地位。人民币国际化对中国经济的发展和
国际货币体系的改善都是有利的。自 2008 年全球金融危机以来，中国采用了
更积极主动的策略促使人民币国际化。

有关人民币国际化动机有以下的议论：（1）美国发生流动性短缺危机，
推动人民币国际化出于一种经济实用主义的考虑；（2）这些措施是中国金融
深化政策中的一部分；（3）此举乃是削弱美元在全球市场上霸权地位的一种
尝试。无论真正的动机如何，人们普遍认为，人民币融入全球货币体系将极
大地改变国际经济与地缘政治的格局（Yin Wong Cheung，2014）[①]。

无论货币适用的范围有多大，货币的功能是不会改变的，它依然是国内
国际市场上的交易媒介、计量单位和价值贮藏手段，无论是汇率体制的改革
或人民币国际化都是促进国际经济交易、分散风险和推动经济发展的手段。
从长远来看，为了使中国经济达到内外均衡，中国正在建立一个更有弹性的
汇率机制，旨在推进结构性改革。刺激企业注重提高出口产品的附加值和技
术含量来参与国际市场的竞争，而不是完全依靠价格和数量的竞争。增加人
民币汇率的弹性也有助于减轻国内通货膨胀的压力，同时，防止过量投机资

---

① Yin Wong Cheung（2014）．The Role of Offshore Financial Centers in the Process of Renminbi Internationalization．ADBI Working Paper SeriesNo. 472，April 2014.

本的涌入所造成的负面影响。这也是中国致力于推进人民币汇率政策改革的动因和推动力。人民币汇率弹性的增加是一个双向波动的过程,而不能只强调单边升值。在很多情况下,并不是货币当局的一厢情愿所能左右的,需要国内经济条件的成熟,也不是中国单方面的努力所能达到的,还取决于一个宽松的国际环境。

人民币国际化的历史条件与其他几种主要货币的国际化完全不同,推行货币国际化伊始,人民币并没有成为全球性的储备货币,将人民币推向超越由全球需求所决定的世界水平还需要一段时间。中国需要艰苦的努力和审慎的选择循序渐进地推进货币国际化。

美元的国际化与布雷顿森林货币体系确立的以美元为中心的国际货币体系相关。美元等同于黄金,奠定了美元独霸国际货币舞台的基础。欧洲美元市场在20世纪50年代末期和60年代早期诞生时,美元已经被广为接受作为一种全球性的储备货币。美国境外的政府和私人部门对美元有一种本质上的强烈需求。当时美国的政策明显偏重于国内经济,而无暇旁顾欧洲美元对世界其他市场可能产生的负面影响。所以,前美国财政部部长约翰·康纳利对美国的盟友说:"美元是我们的货币,但却是你们的问题。"无论如何,离岸美元的重要性和普及性反映了美元在国际货币体系构筑中的显赫地位,由这些离岸美元市场所促成的美元交易网络效应在很大程度上强化了美元的全球性地位。

欧元的诞生不过20年,但其中包含了近40年经济货币一体化的努力,欧元价值体现了此前德国马克、法国法郎等已经可以自由兑换的坚挺货币的声誉和区域内国际化以及全球化的实践。所以,当欧元走向国际舞台时,相对较快地得到认可。

历史上达到货币国际化的国家大多有着得天独厚的优势,依托其强大的经济实力与中央银行的公信力来取得国际货币的地位。事实上,并不是每一个崛起的国家的货币都能同它的经济规模一样,获得国际化的认同。从主要国际货币的兴衰更替来看,除了经济方面的因素外,历史、政治、制度、文化等因素同样起着重要的作用。此前几种国际货币的出现都具有太多的不可复制的特殊历史因素。人民币国际化战略更多的是出于获得一个与其国际贸易和投资标价以及结算等经济活动更为便利和相称的货币定位。在国际市场上,尤其是中国对周边国家的贸易和投资中,越来越多的试点企业被鼓励采用人民币进出口定价、交易与结算,并在多个国际金融中心启动了人民币境外交易市场。

国际社会普遍关注中国寻求人民币国际化的途径。其中尤为引人注目的是香港的人民币离岸市场。理论上，功能齐全的离岸市场有助于建立一种货币的全球地位。例如，遍布全球的离岸美元市场支撑美元达到和维持它在全球市场上的显赫地位。至少，离岸市场可以使得一种货币在发行国以外的市场上显示出它作为国际货币的潜力。从这个意义上说，离岸市场的设立为非居民提供了一个人民币的交易平台。怀疑论者的疑问在于，如果没有一个完善的国内金融体系，离岸人民币市场可能会导致国内市场与离岸市场不平衡的增长，从而在中长期内引起不良的经济后果。就短期而言，国内市场与离岸市场之间的套利将给中国带来高额成本。更严重的是，现行的资本管制措施将使得不发达并受到严格管制的国内金融体系与离岸市场成功融合的范围受到局限，从而限制离岸人民币业务的发展。此外，离岸市场放宽管制可能会引致货币与金融的不稳定，从而放大了市场风险，削弱了货币当局实施国内政策和管理资本流动的能力。

中国香港作为国际金融中心的独特地位和优势，使得中国可以设计特殊政策来控制和管理人民币国际化的过程，也符合国际经验的启示：离岸市场通常设立在具有法律规则良好声誉、金融市场基础设施稳健以及对于离岸交易有效管理和税收政策优惠的国家或地区。香港离岸人民币市场迅速发展，吸引了其他一些金融中心加入离岸人民币的探索旅程。在中国香港之后是新加坡和英国的伦敦。全球交易服务机构环球银行金融电讯协会（SWIFT）的跟踪数据显示，就支付处理量而言，伦敦已取代新加坡成为仅次于香港的全球第二大离岸人民币结算中心，反映出欧洲企业对与中国商业关系的重视程度。美国纽约作为另一个重要的国际金融中心，最初对离岸人民币交易安排的态度暧昧而又神秘，直到 2016 年中国工商银行在纽约首发人民币存订单，方显出一种热情的姿态。

专栏3　"沪港通"在香港离岸人民币市场的角色

"沪港通"是香港和上海两地金融合作的重要标志，也是内地资本账户可兑换和资本市场对外开放的重要部署。"沪港通"除了为在岸、离岸人民币流通开辟另一条重要的渠道外，还是一个长期的制度安排。因此不应该只看重"沪港通"短期交易量的高低，要对"沪港通"长远发展充满信心。另外，"沪港通"再次确认了香港作为内地金融开放境外试点中独特的角色,对香港国际金融中心发展投下了重要的信心一票。

"沪港通"在香港是由香港交易所牵头,监管部门是香港证监会。香港金融管理局的主要职责是安排资金往来和兑换,以及针对香港市场一些流动性安排采取配合措施。最重要的工作是金融基础建设,这是一项中长期工作。金融管理局已委任7家银行做流动性回购安排,包括中银香港、汇丰、渣打、法国巴黎银行、花旗、工银亚洲及建行亚洲这些"一级流动性提供行"(Primary Liquidity Providers)。获委任的银行需以香港作为全球离岸人民币业务的平台,推动香港作为全球离岸人民币业务中心建设。金融管理局与每家提供行签订双边回购协议,提供日间和隔夜的流动资金额度,以协助它们在离岸人民币市场进行相关活动时可以更好地管理流动性。为进一步支持银行间人民币支付的有效和畅顺运作,在中银香港作为人民币清算行提供其日间资金安排以外,金管局还设立了日间回购交易机制(intraday Repo facility),额外向中银香港提供最多达100亿元人民币的日间资金。金管局按照银行借用日间资金的实际时间收取费用。

"沪港通"并不意味着香港和上海存在直接竞争的关系。香港和上海市场服务地域不同,服务的实体经济对象也不同。在目前资本账户仍存在管制的情况下,上海越开放,香港和上海的商贸及金融联系就会越频繁、越密切,能创造的商机就越多。中国资本账户管制逐步放宽必然是双向的,在这种情况下,香港就更容易开展面向内地企业和居民的业务,包括融资、发债和理财等。在岸人民币金融市场的规模,目前内地银行存款总额有110万亿元人民币,金融体系资产总值高达160万亿元。内地资本账户的进一步开放会提供更大的政策空间,香港的银行和其他金融机构绝对有能力在这个庞大的市场发掘和拓展更大的商机。

随着人民币的使用越来越广泛,金融管理局与香港银行业界和内地有关当局就放宽香港居民兑换人民币的限制进行了不少讨论和沟通,达成共识。香港居民的人民币兑换从在岸市场改为到离岸市场平盘,是最合适的方案,因为香港的离岸人民币市场资金池已超过1万亿元,而人民币外汇市场也已经有相当的深度和规模。取消兑换限额之后,香港居民参与"沪港通"以及各种人民币的金融交易将更加方便,这是放开限额的意义所在。

市场力量固然重要,但离岸人民币业务发展的步伐很大程度上仍取决于政策空间。这主要在于人民银行、外汇局、金融监管部门对于资金流动的放松。此外，政府、监管机构在金融基础设施建设上应担任重要角色，包括建立支付系统、流动性管理机制等。央行在市场流动性出现紧张的时候要进场，做一些资金的助力和协调，基础设施必须先行。2007年，香港还没有跨境贸易支付，但当时已经筹建了香港银行之间的大部分支付系统。2009年香港跨境贸易结算开始起步，2010年每天平均规模才53亿元。交易量很少，微不足道。但后来增长的势头很猛。离岸市场发展如此迅猛，如果临时考虑基础设施的建设，就会大大延缓人民币离岸业务的进程。

在岸市场与离岸市场只要有联系，价格差异就会越来越趋同。比如，"沪港通"未推出时A股差价比较明显，沪港通交易量多的时候，差价就会缩小。在岸人民币市场的存款116万亿元，中国香港市场是1.1万亿元，加上海外的存款总计2万亿元。第二次世界大战后，美元成为国际上唯一的硬货币。很多金融市场的计价都用美元，美元的主导性很强，离岸美元占在岸美元规模的三成。相比较而言，人民币国际化还有很长的路要走，但中国改革方向坚定明确，政策会越来越开放。

在所有的人民币离岸市场中，香港的离岸金融市场是最大的。人民币国际化短短几年时间就取得了令人鼓舞的成绩，可见市场的潜力是巨大的。但国际化是一个比较漫长的过程。

发展前景广阔，还需要政策的配套、推广，使企业对人民币跨境使用的认识越来越清楚。可以想象，如果资本账户开放，海外的人都用人民币，就需要我们有足够的能力收回来。人民币国际化的先决条件就是越来越多的人民币在海外流通、使用、沉淀，而且不只具有支付功能，还应有投资功能，最后还能储备在央行里。但最基本的功能是支付功能，还要有清算中心。要在英国、法国、欧洲等地搞人民币业务的清算。现在已经有了很大的推进，当然还有很多事要做。

未来金融中心的竞争取决于"软实力"的较量。香港与内地在贸易、投资、金融领域有不可取代的联系和优势。离岸人民币市场发展海阔天空，香港具备了明显的先行和先天优势。随着内地资本账户管制逐步放宽甚至撤销，人民币国际化将越趋成熟，可以预期将有更大的政策空间支撑多个离岸人民币市场共存共荣。在未来一段时间内，香港在集中精力深化自身离岸人民币市场发展的同时，还可携手其他金融中心，共同推动离岸人民币业务发展，实现双赢。

孙芙蓉：《香港人民币离岸市场新发展——访香港金融管理局总裁陈德霖》，《中国金融》，2015-01-16。

当中国以积极主动的模式将人民币推向国际舞台之时,对货币国际化之前是否必须取消资本管制这一问题存在激烈的争议。尽管中国在相当长的时间内一直在放松管制政策,但是,占压倒性的观点是,在国内金融市场自由化之前推动人民币的国际使用并不是成熟的时机。然而,英镑和美元也是在资本管制的情况下取得国际货币的主导地位。例如,在欧洲美元市场的早期,美国对国外美元的流入曾施加限制。事实上,美国只是在20世纪80年代取消了活期存款利率的上限。这样的历史经验淡化了资本管制和货币国际化之间的必然因果关系。

人们是否会选择一种受资本管制条件下的货币?这个疑问可以从人民币国际化的进程中找到答案。截至2018年1月底,人民币位列全球第五大支付货币,市场占有率达1.66%。人民币储备货币功能逐渐显现,有超过60个境外央行或者货币当局将人民币纳入官方外汇储备。全国办理外商投资企业利润汇出人民币结算金额占全部外商投资企业汇出跨境收支金额的40%。

2018年3月26日,人民币跨境支付系统(CIPS)二期投产试运行,10家中外资银行同步试点上线,进一步提高人民币跨境资金的清算、结算效率。截至2018年3月底,CIPS共有31家境内外直接参与者,695家境内外间接参与者,实际业务范围已延伸到148个国家和地区。2018年5月,人民币跨境支付系统(二期)全面投产,系统运行时间将实现对全球各时区金融市场的全覆盖,满足广大用户的人民币业务需求。央行报告显示,2018年第一季度,人民币跨境支付系统处理业务32.87万笔,金额5.45万亿元,日均处理业务5388.74笔,金额893.91亿元。①

> **专栏4　人民币国际化取得新进展**
>
> 根据SWIFT统计,2017年12月,人民币市场占有率为1.61%,为全球第五大支付货币,仅次于美元、欧元、英镑和日元。据IMF统计,截至2017年末,IMF公布的官方储备币种构成调查(COFER)报送国持有的人民币储备规模为1228亿美元,占比1.23%。据不完全统计,60多个境外央行或货币当局将人民币纳入外汇储备。

---

① 中国人民银行上海总部国际部:《人民币跨境支付系统(二期)全面投产》,载《投资机会与风险》,2018年第5期。

人民币连续七年在中国跨境收付中排名第二。2017 年跨境人民币收付金额合计 9.2 万亿元，占同期本外币跨境收支金额的比重为 22.3%，人民币连续七年成为中国第二大跨境收付货币。全年经常项目人民币收付金额 4.36 万亿元，资本项目人民币收付金额 4.84 万亿元。截至年末，使用人民币进行结算的境内企业超过 33.7 万家，136 个境外国家和地区的银行在中国境内开立人民币同业往来账户 3901 个，153 个境外国家和地区的企业在中国境内开立人民币非居民账户约 3.14 万个。

人民币国际投资货币功能进一步提升。截至年末，共有 806 家境外机构获准进入银行间债券市场。7 月，进一步增加香港人民币合格境外机构投资者（RQFII）投资额度至 5000 亿元，截至年末，RQFII 试点已扩展至 18 个国家和地区，总投资额度达到 17400 亿元，共有 196 家机构备案或申请投资额度 6050.62 亿元。截至年末，境外主体持有境内人民币股票、债券、贷款以及存款等金融资产金额合计 4.29 万亿元，同比增长 41.3%，其中股票市值 11746.7 亿元，债券余额 11988.3 亿元，贷款余额 7390.0 亿元，存款余额 11734.7 亿元。截至年末，熊猫债累计注册/核准额度 5007 亿元，累计发行熊猫债 2203.4 亿元，发债主体涵盖国际开发机构、外国政府、境外非金融机构和金融企业等。

人民币在周边国家使用取得积极进展。2017 年，中国与周边国家跨境人民币结算金额同比上涨 11.1%。其中，柬埔寨同比增长 19 倍，文莱同比增长 7 倍，马来西亚、菲律宾、乌兹别克斯坦等 9 个国家跨境人民币结算金额同比增长均超过 50%。新加坡、韩国等 15 个周边国家央行将人民币资产纳入其外汇储备。

摘自《中国人民银行 2017 年年报》，中国人民银行网站。

SWIFT 发布最新《2018 人民币跟踪特别报告》[①]对人民币国际化的前景保持乐观，其依据使中国经济所体现的韧性、资本账户渐进自由化以及"一带一路"倡议等，都将助力推进人民币国际化。

总体而言，尽管过去几年人民币的国际化使用进展迅速，相对于中国的经济规模来讲仍然是不匹配的。考虑到让人民币过快地融入全球经济有可能

---

① RMB Tracker，January，2018. RMB Internationalization：Where we are and what we can expect in 2018.

会带来的较高成本，特别是考虑到国内仍然不发达的金融市场，适度推进也许优于快速推进。

国际金融的历史表明，资本账户的自由化通常伴随着金融与经济危机的阴影。热钱流动的负面影响始终是监管当局予以高度警惕的。对这个问题的担忧源自货币国际化是否须与国际收支平衡表中的资本项目同步这一疑惑。如前所述，理论和实践都不支持资本项目的自由化是货币国际化的充要条件。诚然，从长远看人民币国际化过程最终所呈现的状态是完全自由兑换，即使不作为终极目标。那时，伴随这一结果的也将是资本账户的自由化。但这个过程的步速应当是推进者可以掌控的，取决于货币国际化过程中金融体制改革的进度和程度，金融基础设施的建设，在岸市场和离岸市场的协同管理能力，企业和金融机构参与人民币标价的各种资产的管理和投资需求，等等。

余永定（2016）[1] 认为，中国的体制性、结构性问题不能通过资本项目自由化来解决，或通过它的所谓"倒逼机制"来解决。资本项目自由化的主张与其说是建立在科学论证和历史经验基础之上，不如说是建立在对于某种意识形态的笃信基础之上。没有理由一定要把资本项目自由化当作经济体制改革的终极目标之一；是否应该实现资本项目自由化和如何实现资本项目自由化必须视具体情况而定。

迄今为止，中国所采取的措施是在资本管制的范围内允许人民币启动国际化，最终的全面国际化要求普遍和广泛开放资本项目。放开资本管制并允许人民币全面国际化依然是将来的政策目标，任重而道远。将审慎渐进地放开资本管制的策略作为守住不发生系统性金融风险的底线，作为维护金融稳定的最后屏障。

美元与人民币的关联性

人民币与美元长期的关联使得人民币汇率的变化很容易受到美元波动的负面影响，并通过贸易渠道和货币渠道传递美国金融风险的外溢。因此，中国 2005 年宣布开始实行参考一篮子货币进行调节的浮动汇率制度，此后一直在尝试逐渐放松人民币与美元的关联性。

多数观察家认为人民币货币政策已经由盯住美元（1994—2005 年）转变为爬行盯住美元（2005—2008 年）并再次转向盯住美元（2008—2009 年）。

---

[1] 余永定：《最后的屏障：资本项目自由化和人民币国际化之辩》，上海东方出版社，2016。

如果事实成立，那么人民币的国际化无疑会因为与美元的持续性关联预期而受到抑制。这种传统观念以及其对人民币国际化的消极暗示并没有充足的依据。实际上，中国当局做出理性而实用的决策，使人民币与美元脱钩（即使在危机时期内又回归美元），那么，人民币还是可以被国际债务人所接受。有研究表明，2005 年 7 月之后的人民币汇率安排并不只是爬行盯住美元。在 2006 年中期和 2008 年中期，中国采取了类似于新加坡元的长期管理政策，按贸易加权货币篮管理人民币。人民币有效汇率和美元有效汇率几乎向完全相反的方向移动，这足以证明在此期间美元汇率的变动周期对人民币有效汇率丧失了其影响力。为保持竞争力和价格稳定，中国实施稳定人民币有效汇率的政策胜于稳定人民币兑美元的双边汇率政策（Cheung, et al., 2011）[1]。正如李稻葵 2016 年在瑞士达沃斯世界经济论坛接受采访时所谈到的，人民币盯住美元毫无意义；世界不需要另一种盯住美元的货币，需要的是一种盯住一篮子货币的相对稳定的货币。要避免人民币贬值造成更严重的危害，就要将人民币从美元的桎梏中解放出来，并且将自己的汇率政策"明确"告知市场。

人民币可能面对的贬值压力主要在于国际社会对中国经济增长的信心：一是内外购买力之差，可贸易品在国内购买力低于国际市场；二是美元处在一个升值周期，美联储升息，特朗普刺激美国经济，美元升值期对其他货币会有吸纳裹挟作用。

在全球金融动荡的局势下，市场赋予美元作为避难所货币的角色。如果人民币紧盯美元，那么，就不得不跟进美元行走的轨道。如果贸易伙伴将人民币仅仅看作是盯住美元或爬行盯住美元的一种货币，就会影响境外人民币持有或使用人民币的投资者对人民币走势的判断，认为人民币有突然跳跃式的升值或贬值的风险，从而影响对人民币汇率的预期，或者低估人民币国际化的前景。例如，对美元汇率 2018 年 1 月的异常下泻和 4 月的急剧上扬都是始料未及的，如果人民币与美元的关联减小，对人民币的借款者会更具吸引力。

维护人民币汇率的稳定是中国人民银行的使命。中国人民银行行长易纲强调，人民币汇率保持弹性，使得市场的信号得以发挥，而汇率的弹性，也是维护国际收支基本平衡的一个稳定器和调节器。2018 年以来，易纲在不同

---

[1]　Cheung, et al. (2011). Renminbising China's foreign assets. Pacific Economic Review, 2011, 16 (1): 1 - 17.

场合多次重申，要推动和扩大人民币的跨境使用，稳步提高人民币资本项目可兑换程度，积极支持上海加快推动国际金融中心建设，不断深化自贸区建设，为中国金融业进一步扩大开放以及人民币资本项目可兑换进行有益探索，积累可复制、可推广的经验。

人民币国际化的推进使得中国更便利地参与到国际货币体系的构筑中。维护金融体系的稳定是世界各国以及国际金融机构共同面临的攻坚目标。在这个世界平台上，并没有绝对的公平，因为起点就存在巨大的差异。唯一公平的是时间，筑起全球金融安全网需要时间和各国央行之间的合作。前提是，每个国家首先要构建本国的金融安全网，就国别而言，外来的冲击是通过一国金融体系内部来感应和传染的。

第二篇

金融体系与监管

第4章　银行与金融体系

我们生活在一个多疑的时代——怀疑我们的银行体系，怀疑我们的债务人，怀疑我们所使用的货币，当然更怀疑那些政客，怀疑我们重返增长、繁荣和稳定时代的能力。我们生活在一个鲁莽的时代：无节制的政府支出，无责任感的财政预算和数万亿毫无资金基础的负债。我们必须处理货币体系本身的问题，以便能最终纠正上述的脱轨行为。[①]

—— **南森**

世界各国的金融体系从广义上说千差万别，因为它们的历史、法律、政治、社会等背景和条件无法同义而语。但就狭义而言大同小异。从金融资源分配的角度来看，全球的金融体系大致分为两大类：以银行为主导和以市场为主导。Allen and Gale（2001）[②] 曾比较了 5 个主要发达国家（美国、日本、德国、英国和法国）的金融制度，认为金融资源分配中的两极是美国和德国，前者是市场主导型，资本市场占主导地位；后者是银行主导型，银行贷款是企业融资的主要来源。其他国家介于二者之间。

无论是约定俗成还是刻意地设计，每个国家都拥有自身的银行制度和金融体系。最初银行、银行体系的诞生是作为金融中介的角色出现，注重的是媒介和交易的效率。在金融危机的教训总结中，各界越来越多地关注本国金融体系的健全性以及金融体系与经济体制的适应性。

金融体系的优劣

20 世纪 80 年代以前乃至 80 年代，国际学术界曾一度流行银行主导型优于市场主导型的观点，后者主要是提供工业所需的长期资本。在现实世界中，

---

① Paul Nathan and Donald Luskin（2011）. The New Gold Standard：Rediscover the power of gold to protect and grow wealth. Publisher：（E）Joan O'Neil.

② Franklin Allen and Douglas Gale（2001）. Comparing Financial Systems. MIT Press，2001.

自20世纪90年代后，德日为代表的银行主导型体制受到严重挑战，其相对于市场主导型金融体制的生存能力受到质疑。但是大量的实证研究并没有得出也很难得出两种体系优劣对比的结论。

如果从技术层面分析金融结构与工业增长的关系，经合组织（OECD）国家中研发（R&D）密度、经营风险和资本密度等都比较高的国家其金融制度的特征显示为市场主导型优于银行主导型。这说明一国的金融结构与工业机构需要和谐一致方能促进经济增长，而工业发展的前提是完善的资本市场（Binhal et al.，2006）[1]。金融结构的发展反映了企业的融资需求，从而反映了其经济特征，一个适应性强的金融结构具有重要价值。Deltuvaite 和 Sinevicien（2014）[2]以银行主导和市场主导对增长的影响为主题，研究二者之间的关系，得出的结论是，金融市场的发展与资本积累的过程高度相关。人均GDP比率低者以银行为主导，反之亦然。相比较而言，混合体系和市场主导的金融体系更有利于增长。

银行主导型金融体系的整体效率取决于银行风险管理的能力。例如，通过监测活动进行横向和跨期的风险分担。如果风险不对称性很高，对个人和中小企业贷款由特定金融机构监测非常有效，这是因为借款人缺少公开信息的披露，市场不可能进行有效监控。

理论和实践所提供的证据表明，银行主导型金融体系下，当银行维持盈利性且实施健全管理，则具有更高的效率。但是，当银行的盈利依赖于监管当局的保护伞，改善效率的动机缺失，便易产生道德风险。因此，监管当局对银行的管理和监管方式对于银行主导型金融体系整体效率至关重要。银行导向型金融体制下，类似于货币政策变化等暂时性冲击发生时，在公司和家庭受到冲击前，银行首先可以吸收一部分的冲击，继而部分冲击客户，后者遭受的冲击因此而减少。换言之，银行主导型金融体制建筑在银行与公司及家庭之间稳定和长期的关系基础上，双方立足于最大限度的长期利益。

相反，市场主导型金融体系下，每个市场参与者力图自身短期利益最大化。市场价格由于外部冲击过分波动，企业和个人直接受到价格波动的影响。因为他们被迫对过度波动做出即时反应。这种体系下大部分的负担要由央行

---

① Binhal et al.（2006）. Financial Structure Does Matter for Industrial Growth：Direct Evidence from OECD Countries. Present at the Asian Finance Association Meeting in Auckland，New Zealand in July 2006.

② Vilma Deltuvaite and Lina Sinevicien（2014）. Research on the relationship between the structure of financial system and economic development. Procedia – Social and Behavioral Sciences. 156（2014）533 – 537.

或其他监管当局通过控制市场波幅来承受。

比较的结果说明，两种体系在构筑的不同方面都有差异。就效率和稳定性而言，每种体系都有自身的收益和成本。此外，每种体系取得最大化收益的条件也不相同，有赖于决策者和管理当局设计与推行体制的智慧。

银行体系的脆弱性

银行体系的脆弱性来自两个方面。一是银行资产负债表的特殊性。银行的职能就是借助信用集中社会暂时闲置的资金，使其能够用于社会当前的生产和消费。这一职能决定了银行资产负债表结构的特殊性，即高负债率、资产和负债的流动性不匹配和完全基于信用的负债。银行的权益资本—资产比例（杠杆率）与工商企业比较要低得多，因此，银行承受亏损的能力比工商企业要低得多。银行的负债主要是企业和个人的存款，其来源是企业和个人暂时闲置的货币资金，这些资金随时可能从银行抽走。因此，从根本上说，对存款人而言，银行只是资金的临时保管机构。而银行的资产主要是在一定期限以后才作为现金返回的贷款。因此，银行面临着比工商企业更大的流动性风险，随时可能因为被迫出售资产而遭受损失。二是公众信任的脆弱性。公众在银行的存款就是公众对银行的贷款。但是，这种贷款没有任何担保品，完全基于公众对银行的信任。这意味着一旦银行破产存款人就会遭受完全的损失。因此，公众对银行的信任是很脆弱的。公众信任的脆弱性同时意味着银行体系的脆弱性。一旦公众对银行的信心动摇，发生大规模的挤兑，银行就有可能因为流动性不足而破产。

一方面，由于债务链的存在，一家银行的问题很有可能导致整个银行系统的问题；另一方面，由于银行和存款人之间的信息不对称，每一个存款人都不能确切知道自己银行的问题，因此，担心财产损失的恐慌心理会迅速传染，从而使对一家银行的信任危机往往会演变为对整个银行体系的信任危机。银行系统作为一个整体的现金来源会在顷刻之间被挤提的人群所吸干。因此，银行系统作为一个整体，相对于其他行业而言，面临特殊的风险即信任风险。一旦发生系统性的信任危机，出现挤兑风潮，整个银行系统顷刻间就会瘫痪。

银行业的最基本问题是管理不善，而宏观经济发展的逆向会加重这一问题。通常我们期望市场使管理不善的银行规范化，或用市场纪律来约束它们，问题是，市场失灵是普遍存在的，部分是由于信息的缺乏，有时因为缺少信息披露，但更多的情况是围绕银行资产价值评估的困难，通常是无目标价值，特别是当贷款变为不良资产时更是如此。贷款划分、贷款损失准备和收入认定方面的规则试图矫正这种信息问题，但这样的规则很难实施。此外，由于各种类型的金融创新工具及银行组织在金融业务方面的集聚倾向，使问题变得复杂化了，这种金融聚集物对局外人甚至银行监管者而言很难掌握具体的规模，要掌握其业务操作也许是不可能的，增加了管理的难度。

许多政府关注保护银行体系的中心作用，及对与银行失败有关的负面影响的控制，特别是如果银行破产广泛扩散的时候更是如此。因此，引入了各种类型的安全保障以便培植正当的内部治理，补偿市场规则失灵，保护银行体系免受宏观经济冲击的不良影响。这些保证措施不仅包括金融安全网，如存款保证系统和最终贷款人便利，而且包括审慎管理和监管操作的整体框架。

当今世界最大的争议在于，"银行到底要维持多少资本才能免于倒闭？"为确定这一比率，就有了压力测试这样的项目，以及巴塞尔协议反复修正的资本金要求。银行在各国经济发展中具有特殊地位，它是整个社会的资金占有者和资金使用者之间的中介人，是社会生息资本最重要的管理人。因为生息资本的运动顺利实现要依赖工商业资本运动的顺利实现。所以，通常的逻辑是，工商业一旦陷入危机，必然传导到银行业。不论银行业原先的经营状况如何，其必然因此遭受或大或小的影响，甚至陷入危机。而今，银行业和其他非银行金融体系某些部分的自我循环更易招致这个体系的动摇，从而传导恐慌至实体经济。

分业与混业的是与非

关于银行制度，分业与混业的利弊之争长达一个世纪有余。德国的全能银行制度是混业经营的典型，素有"金融百货公司"之称。其主要优势在于银行经营活动的多元化，在一家银行的不同窗口可以满足客户几乎所有的需求：贷款、证券经纪与承销，资产管理、企业并购、外汇交易与衍生品交易等，银行在金融市场上占主导地位。这样的经营模式可以降低服务成本，并使得银行拥有稳定和优秀的客户群，形成银企之间特殊的产权纽带关系。

分业银行制度是大多数国家的金融结构特征。从广义上说，日本、中国、1999 年以前的美国，还有大多数的欧洲国家都在此列。分业的优势表现在可以快速为特定企业融资，有利于实施国家特定阶段的产业政策，也有益于调整地区经济差异，并且方便于政府的控制与管理。

美国企业制度奉行的自由竞争原则同样也适用于金融业，实施自由银行制度。银行体系在 1863 年以前曾经历过其货币银行史上最为混乱的时期。其间，银行数目快速增长，经营券种庞杂，信用不稳定。为结束货币银行界的混乱无序状态，美国国会于 1864 年通过《国民银行法》，在此基础上建立国民银行体系。《国民银行法》是美国银行史上第一个关于统一管理全国银行业和金融业的联邦金融法，该法保留了自由银行制度，导致单一银行制度和银行双轨制的形成。单一银行制是指商业银行只有一个独立的银行机构，不设立分支机构。双轨制是自由银行制度的另一种体现，即各州银行可在联邦政府注册，也可在各州政府注册，前者必须作为联邦储备体系的成员银行，而后者可以自由选择是否加入联邦储备体系成为成员银行。这种选择决定了作为成员银行与非成员银行接受来自联邦储备体系的权益和管理的程度。

实际上，美国 1864 年的《国民银行法》禁止国民银行从事证券市场活动，只有私人银行可以通过吸收储户存款，在证券市场上开展投资或承销活动，因此，私人银行是投资银行的雏形。有些大银行和公司是私人银行与证券公司的混合体。投资银行业逐渐繁荣，一度辉煌。由于商业银行、证券业、保险业在机构、资金操作上的混合，尤其是商业银行大量存款渗透股市，导致股市泡沫。在 20 世纪 30 年代的大萧条中，美国大量银行破产倒闭，混业经营模式成为罪魁祸首。1933 年通过的《格拉斯—斯蒂格尔法》（Glass - Steagall Act）在投资银行与商业银行之间竖起了一道隔火墙，逐步形成分业经营的制度框架，奠定了美国投资银行业的基础，并且对其他国家银行业的管理模式产生了重大影响。

1956 年美国通过的《银行持股公司法》（Bank Holding Company Act）是分业经营的另一个转折点，该法规定，所有银行持股公司（BHCs）均需在美联储注册，并可在合法条件下，控制和经营多家银行。这一规定便利了银行持股公司扩大信用规模，打入新的金融领域。持股公司的股东可免税举债、借款，兼并收购其他银行，并且更为方便地兼并非银行公司，发行股票所受到的管制更为宽松，有更大的法定权威对自己的股票进行股票回购。为此付出的代价是必须在证券交易委员会（SEC）注册，增加了服从另一层监管的运营成本。更有利的是，银行持股公司有可能兼并本州之外的银行，并通过银行持股公司之间的兼并实现跨州扩张，由此出现了美国南方与北方的一些垄断性银行。

20 世纪 70 年代以后，共同基金（Mutual Fund）兴起，各类金融机构竞争激烈，美国金融业自 80 年代起逐渐从分业经营向混业经营过渡。英国和日本等国的"金融大爆炸"和美国当时执政的里根政府的放松管制（deregulation）几乎是同步的，商业银行和投资银行以及各类存款机构和金融公司等，通过各种变相的渠道和方法渗透到原本不能涉足的领域。1999 年 11 月《金融服务现代化法案》（*Financial Services Modernization Act*）的出台，实际上是对现实中已经存在的混业经营事实予以合法化，也意味着 20 世纪全球主要国家有意终结金融业分业经营制度的框架，再度踏上混业经营之路。

从金融风险防范和金融监管的角度来看，分业与混业经营何者为优？孙国峰（2018）[①]认为，美国的次贷危机由房地产泡沫的破裂而触发，造成系统性风险，混业经营是其中一种重要的催化剂。因为混业经营自身存在一个内部的矛盾，即金融控股集团内部不同的金融业务存在跨行业、跨市场传递的风险，因此需要建立内部的防火墙以隔离这个风险，进行穿透式监管。如果将金融控股集团内部的业务完全隔离，和金融控股集团最初设立的初衷是相悖的，这就决定了混业经营模式下金融控股集团存在这种内生的风险，可称之为"混业悖论"。混业经营使得银行过度使用货币创造权变得更容易，从而带来系统性的金融风险。混业经营的业务在增加金融机构业务多样性和竞争力的同时，也放大了道德风险和利益冲突，对金融机构自身的风险管理和金融监管形成了挑战，带来了跨行业、跨市场、跨区域的风险传递。金融机构的跨界扩张与野蛮生长，抽逃资本，循环注资、虚假注资，不正当的关联交易，以及影子银行业务跨界套利—交叉投资、放大杠杆、同业套利、脱实向虚等，这一切显示了混业经营的复杂性和隐含的不透明风险、道德风险和监管套利风险。

诚然，银行为利益所驱使，自带过度扩张的冲动。但上述行为均出自错位的激励。到目前为止，无论是理论和历史经验，很难证明分业和混业何者为优。事实上，分业与混业的倾向性往往反映了国内国际金融环境的变化和金融基础设施的建设。银行的扩张冲动在任何制度下和发展的不同阶段都存在，差别在于外部的约束或监管的力度。在规则法律畅行之处，必有合规的机构和行为。

同为混业经营的国家，金融监管的组织结构和成效却大相径庭。德国运行全能银行制度，却也实施分业银行监管。其金融系统的稳定性是众所周知

---

① 孙国峰：在清华五道口"深化金融改革开放促进金融稳定发展"全球金融论坛上的演讲，2018 年 5 月 19—20 日。

的，这要归功于严格的金融监管制度。美国是在混业经营前提下采用分业监管模式和机构监管的方式。英国的混业经营采用的是金融控股集团模式。同时，英国的金融控股集团内部有较严格的防火墙制度，以防止各业务的风险在集团内部扩散。

对于银行制度中的分业和混业，我们尚没有充分的理由拒绝其中的一种方式而接受另一种。所有的理论和经验的借鉴都是有条件的，适合于自身条件的选择才是最佳的选择。与分业经营相对应的分业监管也曾纠结于监管套利和监管真空。考虑到中国金融业进一步改革开放的态势，需权衡竞争与合作的平台是否有助于达到开放的目标，包括经营制度和方式的选择。在此基础上，考虑金融监管的框架设计。

第 5 章　监管与被监管：并非猫鼠游戏

在过去 10 年中，决策者一直在修复导致全球金融危机的断层线。这是一段漫长而艰辛的旅程。随着市场现实的演进和新的监管框架，很多公司不得不变更他们的经营模式，以适应变更了的激励机制和经营成本。但是，在这段旅程中我们已经长途跋涉，走向较之 10 年前更安全、更简化和更公平的全球金融体系。[①]

——多曼斯基

明斯基认为，政府在经济中的作用是在衰退或萧条时期防止金融崩溃，维持生产部门和金融部门的货币收益。因此呼吁政府对宏观经济和金融机构的干预，实施宽松的财政与货币政策。前者通过增加总需求而提高私人部门的收入从而归还债务避免破产；后者增加金融部门的流动性，从而有可能应对坏账和大规模挤兑存款，维持生存（"stay afloat"）。明斯基同时指出，这种干预挽救了西方世界自 20 世纪 70—90 年代的债务紧缩，然而代价却是滞胀。但是宏观政策无法消除酿成现代资本主义经济不稳定性的根源。政府不断重复的刺激性政策诱导实体部门和金融机构陷入虚假的安全感，越来越多的项目投资使得经济实体的行为更加地不计后果。一旦救助的理念通过投资而渗透到政治经济体系中，鲁莽而愚蠢的投资就会失去约束，尤其是政府随时准备为特殊的投资者或特殊的项目提供担保时，投资者就更加肆无忌惮了。在后凯恩斯理论的传统观点中，上述过程被称为"明斯基反论"（Beshenov and Rozmainsky，2015）[②]。

根据明斯基的理论，危机主要源自 20 世纪末与电信、网络技术有关的新经济的发展，与大量的金融创新和全球化过程相结合，造成了全球经济的金

[①] Dietrich Domanski（2018）. A new era for the FSB: from policy development to dynamic implementation. Domanski, Secretary General, Financial Stability Board, speech on Eurofi, Sofia, 26 April 2018.

[②] Sergey Beshenov and Ivan Rozmainsky（2015）. Hyman Minsky's financial instability hypothesis and the Greek debt crisis. Russian Journal of Economics, Volume 1, Issue 4, pp. 419–438.

融脆弱性增强。虚假的繁荣使得经济实体风险意识弱化，可疑贷款大幅度上升，无法变现或偿还，全球性金融危机势在必行。换言之，金融危机和经济危机是现代发达资本主义经济发展中机构性功能演化的结果。只有对这些机构深度改革，才有可能克服危机并防止危机重演。例如，对衍生金融工具的发展和证券化以及为长期投资项目而进行的短期融资等加以限制，对金融机构的资产负债表的流动性要求更为严格。

在这样的深度改革需求中，金融监管将扮演更重要的角色。无论是哪种模式的监管模式，监管官员和中央银行家们在"明斯基时刻"的表现都是备受公众瞩目的。美联储前主席格林斯潘曾被誉为"史上最伟大的央行总裁"，却因卸任前对美国经济实施的调控而饱受指责：美联储的低利率和监管的放任政策，为此后金融危机埋下了祸根。

FSB 的综合改革：重回正轨

金融稳定是保持市场参与者参与金融市场正常交易和运用金融服务的信心。而安全与稳健是确保金融机构在运行过程中避免风险的连锁反应而导致金融体系解体，同样是保持公众对金融体系的信心。此外，信息不对称问题尽管可以通过增强信息披露而部分得到缓解，但不可能完全消除，金融监管部门有责任甄别、监督和舒缓此类风险。金融基础设施对于金融安全是至关重要的，它为金融市场活动提供了诸如交易、清算、支付和结算等金融服务和便利的平台，基础设施建设的失误会放大金融风险，金融机构间将由于资金的流动不畅和交易义务无法实现而发生转移冲击，金融基础设施的有效性在于可减少摩擦，降低成本，使金融中介得到经济利益的最大化。公平、有效和透明针对资本市场的准入和信息获得性而言，金融监管机构有责任监控和惩罚市场操纵、内幕交易和欺诈行为等，制止和纠正市场的不公平竞争。金融监管部门有责任通过金融教育帮助金融服务的消费者以基本的金融知识、金融计划和投资技巧武装自己。

2008 年金融危机暴露了很多金融系统性问题。信贷质量恶化、结构性信贷产品价格下跌以及流动性资金缺乏等加剧了金融体系的脆弱性。在经济复苏的过程中，金融市场随时可能发生更加剧烈调整的风险。这也是 FSB 在2008 年全球金融危机后发起金融管理综合改革项目的动因。

2016 年，FSB 以《20 国集团金融管理改革的实施与效果》① 为题发表了年度报告，回顾了自 2008 年 G20 发起金融管理改革综合项目以来的进展。改革旨在增强全球金融体系的弹性并保持开放和一体的结构，从而支持 G20 稳定的可持续均衡发展。这些改革项目包括：通过有步骤地履行《巴塞尔协议Ⅲ》所规定的资本和流动性标准建立其金融机构的弹性；通过对全球系统重要性银行要求更高的亏损吸收能力和强化监管，终结大而不倒的神话；提高衍生市场的安全度；将影子银行转化为以市场为基础的融资。

根据 FSB 的观察，在危机后的市场波动中，全球金融体系面对市场压力所表现出的弹性有效地抑制而不是放大了危机余波的冲击。说明改革生效，但依然任重道远，且综合改革项目的推行需要各国监管当局跨境通力合作，寻求法律、数据和能力约束等方面的协调。总体而言，改革综合项目的实施整体稳定而有效，诸如大的跨国银行比危机前呈现更大的弹性，通过留存收益建立起更大规模和更高质量的缓冲资本，显著减低杠杆和改善资金投入境况，尽管这些银行依然在调整经营模式以改变市值持续低迷的状态。金融市场的弹性也在提升，对非透明和复杂的证券化实施更加严格的管理，投资者的风险意识也在增强。对衍生品交易的管理减少了市场参与者之间的风险传染。在增进金融机构和金融市场弹性的同时保持对实体经济信用的供给，在经历了危机的急速下滑之后，总信用与银行信贷都在恢复。市场流动性在增强，综合金融改革减少了市场流动性的扭曲可能造成的金融稳定问题。虽然国际银行业减少了对发展中国家的投入，但综合改革对新兴经济体和发展中国家也有着广泛的影响和效应。但是，要达到综合改革的目标，还需增强市场基础设施的建设，解决市场融资和资产管理的缺陷，减少跨境信息分享和法律障碍。综合改革有助于降低全球范围内由于金融危机所造成的金融市场分割，维护全球金融体系的开放和一体化。

IMF《2017 年全球金融稳定报告》② 提出的核心问题是：全球经济是否在险境中增长。报告通过对宏观经济与金融关联的分析，识别经济增长可规避金融部门风险的政策，从而对金融部门的发展可能对未来经济条件的影响作出评估。这份每两年进行一次评估的报告提到，目前全球的投资风险偏好比

---

① FSB, Implementation and Effects of the G20 Financial Regulatory Reforms, 31 August 2016 2nd Annual Report.

② IMF (2017) World Economic and Financial Surveys, Globle Financial Stability Report: Is Growthi at Risk?

前期上涨，融资条件在改善，跨市场资产收益的波动率近几年都在减弱，全球资本流动再度活跃，为信用在更大范围内的分配和支撑经济增长即金融普惠提供了宽松的条件，也是增强金融体系稳定的福音。报告对发达国家货币政策安排、住宅市场杠杆效率以及宽松的融资条件对 GDP 增长可能产生的影响等做了详尽的分析，并提出警示：目前获得金融稳定的某些因素在短期可刺激经济增长，一旦杠杆效应累积，如果其间缺少适当的政策应对金融脆弱性的增加，中期增长将面临风险。因此，重要的是强化金融体系，尤其是要关注风险上升极快的非银行金融机构。

审慎的管理政策可以作为基本工具，减低中期风险，权衡货币政策，求得增长免于全球金融体系风险的拖累。值得庆幸的是，全球系统性重要银行的安全性显著改善，在后危机期间更严格的监管之下，这些银行在充足资本率和流动性指标达到《巴塞尔协议Ⅲ》的要求，这要归功于 FSB 的综合改革项目以及成员国监管部门的努力。

美国金融监管的得失

美国通常被作为一种特例，美国的判例法、政治体制和文化因素在金融管理结构与金融决策中扮演了重要角色。美国的金融监管体系相当复杂，兼有功能性与机构性特征。同时，在联邦层面设有大量的监管机构，除了联邦储备体系（FED）和负责证券市场的证券交易委员会（SEC）之外，另有商品期货交易市场委员会（CFTC）、货币监理局、全美信用协会管理局（NCUA）、州银行与保险公司管理委员会、联邦存款保险公司（FDIC）和美国储蓄机构管理局等。而美国的金融业有成千上万各种不同规模的金融机构，由联邦监管机构和各州监管机构来管理。

20 世纪 80 年代所发生的储贷危机（S&L crisis）曾使得美国联邦储蓄贷款保险公司（FSLIC）和美国储蓄机构管理局遭受切肤之痛。1980 年，在美国联邦政府和州政府注册的储蓄贷款机构大约 4000 家，这些机构在 1989 年以前由联邦住宅贷款银行理事会（FHLBB）管理并在 FSLIC 投保，区别于在 FDIC 投保的是商业银行。储贷机构的总资产达到 6040 亿美元，其中绝大部分从事传统的抵押相关投资，另有 590 家储贷机构持有 122 亿美元资产，投保于一些由州政府资助的保险项目。20 世纪 80 年代的通胀高企导致市场利率攀升，存款利率上限的 Q 条例取消后引发了激烈竞争，使得靠吸收短期储蓄存款、发放固定利率住房抵押贷款的储贷机构经营出现困难。与此同时，监管当局对其业务范围、资本要求以及监管措施等的放松，促使这些储贷机构进入高风险的投资领域，而随后经济环境的恶化将许多储贷机构推向了破产的边缘。事实上，1983 年储贷机构的有形资本净值几乎为零。为此付出的救助清算成本约高达 1600 亿美元，相当于 FSLIC 备用金的 4 倍。①美国政府为解决储贷机构危机而专门成立了资产处置机构重组信托公司（Resolution Trust Corporation，RTC）。从 1989 年 8 月成立到 1995 年 12 月解散的 6 年多内，RTC 成功重组 747 家问题储贷机构，涉及资产约 4206 亿美元。

10 多年以后，次贷危机以最粗暴的方式再次冲击美国貌似完备的金融体系。2008 年 10 月，参众两院讨论修改通过并由总统签署《紧急经济稳定法案》（Emergency Economy Stabilization Act，EESA），分阶段授权财政部实施总额不超过 7000 亿美元的问题资产救援计划（Troubled Asset Relief Program，TARP），用于购买金融机构（不包括外国中央银行或外国政府所属机构）资产负债表上的问题资产（2008 年 3 月 14 日前发放或发行）或直接向其注资，资产类型包括但不限于商业和住房抵押贷款及其相关金融工具，并通过招标确定资产管理人来进行后续处置。这一迹象表明，该计划的提出借鉴了 20 世纪 80 年代美国重组信托公司 RTC 处理储贷机构危机的经验。

2007—2008 年的危机暴露了美国金融业及其监管部门的诸多问题，引发了新一轮监管体系改革的辩论，具有明显的现代监管特征的双峰法被认为是长期目标的较好选择。作为短期解决方案，美国监管当局在危机爆发后实施了对一些银行的问题资产的救助计划，启动了 7000 亿美元资金以阻止银行业的恶化。2010 年美国国会通过的《多德—弗兰克华尔街改革与消费者保护法案》（Dodd - Frank Wall Street Reform and Consumer Protection Act）是美国政府所采取的最重要的政策行动，也被认为是 1933 年以来最严格和最全面的金融监管改革法案，旨在维持金融稳定，确保公众对金融体系的信心。依据该法案新增设的金融稳定监管委员会意在鉴别和防止主要的系统风险。《多德—弗兰克法案》的出台更进一步深化了美国金融决策的政治色彩。各种利益集团涉足其中，将他们所能操控的资源和渠道发挥到极致，经过各种异常复杂的利益集团之间的摩擦和博弈，达成暂时的均衡态势。

然而，当下的特朗普政府认为《多德—弗兰克法案》是一个灾难，责令

① 参见 U. S. Department of Treasury website. An Examination of the Banking Crises of the 1980s and Early 1990s Volume I. USA Treasurary.

美国财政部提出改革建议，财政部于 2017 年 6 月披露了一份长达 135 页的报告①，强调该报告以及随后的系列报告将识别任何在法律条约、管理指导以及其他政府政策有违美国金融体系联邦管理的核心原则的行为或记录。这些核心原则包括：赋权美国公民在市场上做出独立的财务决策和明智的选择，为退休进行储蓄和积累个人财富；禁止使用纳税人资金救市；通过针对系统性风险和市场失灵如道德风险和信息不对称等更严格的监管分析培育经济增长和充满活力的金融市场；促进美国公司在国内外市场上与外国公司的竞争；增进美国在国际金融监管谈判和会议上的利益；制定有效、高效和有针对性的金融监管制度；恢复联邦金融监管机构的公共问责制，并使联邦金融监管框架合理化。坚持这些监管的核心原则旨在打破低速经济增长的循环，更好地满足消费者和企业对信用的需求，保持市场流动性，并借以评估监管的影响和成本。禁止由纳税人资金救助，维护金融体系的安全性与稳定性。报告对金融监管改革所推荐的建议大致包括五个方面：通过对各监管部门之间的分散监管、监管的交叉和重叠等进行精确评估改善监管效率；调整金融体系以便适应经济的发展；通过减少不必要的烦琐程序减低监管成本；根据被监管机构的规模和复杂程度采取灵活的监管方法；调整监管策略以支持市场流动性，满足经济运行中投资和借贷的需求。

　　该报告所表明的立场是，放宽对银行机构的金融监管，修订《多德—弗兰克法案》的主要条款，以及修改 2008 年金融危机后美国金融监管部门所采取的诸多重大监管措施。其金融改革建议包括：减轻对银行机构资本充足率及流动性的法定要求；改革、变更消费者金融保护局的组织结构及监管权限；免除《沃克尔规则》（在国会批准的前提下）对某些银行机构的约束力，以及将符合强化宏观审慎监管要求的银行控股公司的门槛提升等。有关美国金融监管改革的这些建议能否顺利实施以及金融体系产生怎样的影响，将有待时间来检验。

后危机金融管理模式

　　理论界划分金融监管的理论模式是以设置金融监管机构的对象为依据的，因而有机构型、功能型和目标型监管之分。如何根据监管目标设立两家金融

---

① Steven T. Mnuchin and Craig S. Phillips（2017）. A Financial System That Creates Economic Opportunities Banks and Credit Unions. June，2017. U. S. Department of Treasury website.

监管机构,其一,负责维护金融机构和金融市场的稳定,实行审慎金融监管;其二,负责保护投资者的合法权益,实行市场合规监管,这种模式被称为双峰式监管模式。也是 2008 年金融危机后受到青睐的一种模式。美国的监管模式类似于矩阵式监管模式,即根据不同金融机构的差异和不同的监管目标,设定多个监管部门,各自独立地针对不同的领域,如针对存款放款机构系统性风险的系统监管者,针对证券公司和保险公司以及其他非银行金融机构保持持续经营能力的审慎监管者,针对批发金融业务的合规监管者,针对零售金融业务的合规监管者,交易所的自我监管和保证竞争性公平的监管部门,等等。这些监管部门再根据不同金融行业的特点,形成对这个行业的组合式监管。

在过去金融服务业发生急剧转变的 30 年中,金融业向企业提供综合性的金融产品与服务的视野已经从国内转向了国际市场,并由银行、证券和保险业务的分业经营向综合一体化发展。这些根本性的变化以及全球性金融服务市场的特征暴露了各国金融管理模式的弊端,原有的监管框架已经无法适应金融业结构正在发生的变化。这些变化对于金融监管的效率提出了新的评价标准和方法。尤其是 2008 年全球金融危机以来,各国都在寻求谨慎的金融危机管理方法及其评价标准。

恰在此次金融危机发生之前,国际经济和货币事务咨询机构"30 国集团"(Group of Thirty)于 2007 年发起了一个包含 17 个货币辖区的有关金融管理方法的调查和复议,并于 2008 年发表了调研报告①,对监管体系构筑的关键因素做了深入的分析。

就监管模式而言,目前得到学术界和监管部门公认的模式大致有四类,一是机构性监管,按金融主体的法定地位决定由谁来监管以及监管的范围;二是功能性监管,依据金融主体的交易活动确定其功能管理者,而不论金融主体的法定地位如何;三是一体化监管或统一监管,通常由一个全能的监管机构对所有金融服务业实施经营活动管理和体系健全性管理;四是目标式管理,也称双峰法,由两类不同的监管部门分别行使体系健全性与金融活动的管理,两种功能分离。

"30 国集团"调研报告研究了包括新兴国家和发展中国家在内的 17 个监

---

① Group of Thirty (2008). The structure of Financial Supervision Approaches and Challenges in a Global Marketplace. Working Group on Financial Supervision,2008.

管辖区的金融管理模式的选择，并辅以各央行官员和监管者的采访作为相关数据的补充。其研究结果表明，尽管各国有其特定的经济、政治和文化特征，全球监管所面临的挑战具有极大的共性。一个很明显的事实是，决策者和管理者都忽略了监管框架中最核心的问题，即随着金融市场和金融结构所涉足的金融创新领域发生急剧的变化，监管结构却没能保持同等的步伐，换言之，监管严重滞后。在危机爆发的前后，监管体系内部忙于评估现存监管框架的后果和责任所在，尽管一些国家在修订或重构金融管理体系，然而，新的体系设计如此艰难，以至于到目前为止，实质性的变革尚未发生。

上述每一种监管模式似乎都仅仅是次佳监管结构。例如，作为传统的监管方法的机构管理法，在金融市场和参与者发生变化的情况下，产品经营边界已经模糊，容易产生监管套利，需要协调性机制来克服这一缺陷。功能法监管更为流行，只要各机构之间达到良好协调和维持，便可顺利运作，但同样被认为在一定程度上依然是一种次佳监管结构，所以，部分国家已从功能法转向一体法或双峰法。一体法的统一性在于避免了前两种监管方法较易发生的管理和监管上的混淆和冲突，有效地消除重复监管。这种方法最大的挑战在于监管部门内部在动荡时的及时协调。

双峰法集许多综合法的优势于一身，同时又关注了不时发生安全性监管和消费者保护等目的间的冲突。当监管与消费者保护问题出现冲突时，双峰体制下的审慎监管者会优先考虑安全性，强制性地解决冲突。双峰法引起了观察者越来越浓厚的兴趣。

根据"30国集团"当时研究报告的统计，实施双峰法的国家仅有少数，仅有澳大利亚和荷兰，另有一些国家对监管模式的优劣和选择还在讨论和争议中。因此，大部分国家存在多种监管部门，在处理危机需要协调时，类似金融稳定委员会这样的协调机构便应运而生，通常有监管部门、央行和财政部的官员参与其中，这表明三者之间的协调在任何监管体制中都是至关重要的。其中，央行审慎监管的功能总是被置于优先地位，大的金融机构的系统重要性与央行的审慎监管具有直接的关系。同时，显性的存款保险制度是监管体系和管理结构的重要组成部门，可以锚定并维持公众对金融体系的信心。这也是后来英国监管体制改革中坚定实施双峰法并赋予英格兰银行核心地位的原因。

应对危机管理决策的差异

监管部门对金融危机的反应和治理或许是检验监管有效性的最佳方式之一。Roberge（2011）[①] 应用政策网络法解释不同国家和地区对危机治理时所做出的反应的差异性。对加拿大、美国和欧盟的监管机构治理危机的措施和此后的改革动向的比较研究中发现，不同国家和地区对此次危机的反应大相径庭。加拿大金融业受损很轻，危机后对监管政策框架并没有进行大幅度的监察，仅仅采取了微调的措施。相反，美国采取了涉及广泛的一揽子司法程序对监管政策和管理结构做了重要的修正。欧盟的行为介乎二者之间，在监管和管理的基础设施改革方面有重要举措，以便利于更好地协调成员国的管理政策，加速金融一体化，防范未来可能发生的危机。

所谓政策网络或多或少是一种制度化设置，可界定为国家和不同层次的集群阶层的交互行动，网络参与者讨价还价中构成政策的选择和实施。政策网络通常分为异常紧密型和极度松散型，不同类型的政策网络影响着对金融业的政策选择。紧密型政策网络中的行为者即使存有不同意见时也更可能建立其以信心为基础的关系，协调的可能性大，从而达成一致。加拿大政策网络即使算不上完美的，但至少具有紧密型政策网络的典型特征。

松散型政策网络中行为者有不同的偏好，根据各自的利益和资源做出反应，通常会有很大的分歧，决策很可能是分层次体系，取决于行为者的权重和其游说过程中的重要性。美国的政策网络就是如此。

金融政策网络涉及公众、金融业和监管当局和相关的管理技术，构成一个复杂的体系，因此，金融专家在决策中起重要作用。人们通常对政府监管和管理的高度关注主要是基于金融业所表现的复杂特征，这是一个存在政策的规制与俘获实际可能性的领域。观察管理者和市场参与者之间的关系是理解政策网络如何运行的关键。比如，加拿大高级监管办公室（OSFI）和金融机构、监管者与市场参与者之间的关系是富有建设性的，行为各方有着良好的沟通，彼此相互信任，克制自身的行为。在危机到来时，形成严阵以待的整体优势，各方反应同步，效果良好。而在美国，这种关系却有着强烈的冲

---

① Roberge（2011），Networks Matter：Explaining how States have Responded to the Global Financial Crisis"，York University，paper presented at the Canadian Political Science Association，Annual Convention，Wilfrid Laurier University，Kitchener，June 2011.

突，如同猫和老鼠的关系。对危机的反应是复杂且有争议的，这种问题导向的政策网络，各方关系松散，协同空间狭小，倾向于民主式的公共辩论。欧盟则介乎二者之间。尽管危机中各国面对的压力是一样的，但由于政策网络的差异，反应有所不同。

这种政策网络并非一成不变。随着政策环境的变化，如金融全球化和金融政治化等因素都渗透到了政策网络之中，增加了摩擦的可能性。

欧洲中央银行谋求一种适合货币一体化区域的单一监管机制。欧央行副行长比托尔·康斯坦西奥（Vítor Constâncio）在 2013 年的一次演讲中表明，诸如欧元区这样一个高度关联、一体化的区域（且是一个真实的经济与货币联盟），势必需要一个更强悍的制度框架。而增强此框架的一个重要的元素，是以单一监管机制下的银行联盟，此为第一支柱，旨在构建一体化的金融框架 ①。旨在维护金融稳定并使银行倒闭成本降到最低。确保单一监管机制有效性的四个关键要素包括单一规则手册（Single Rulebook）由欧洲银行管理局督导施行；建立起单一解决机制（Single Resolution Mechanism），以单一决议机构为核心，用以管理重要性银行的决议，协调解决工具的使用并反映类似于单一监管机制的组织设置；有序救助濒临倒闭的银行并最大限度地减少公共资金的参与，提倡股东和债权人自救和使用银行业共同出资的救助基金，而不是依赖于救助银行。以此保证银行直接资本重组中的金融支撑；同时建立一个共同的存款保护体系。

于 2014 年 11 月 4 日正式实施的欧元区单一监管机制监管体系覆盖全部 6000 家欧元区银行。该体系的主要特征之一是系统性：确保近距离接触到被监督单位并形成跨境的一致性。保留适当的分权，以维护统一的监管系统并避免重复监管。另一个特征是行使监管职能时权力的广泛性。单一监管机制以欧央行为核心，拥有一揽子广泛的微观和宏观审慎监管的权力，涵盖对信贷机构谨慎监管的所有关键职责。单一监管机制的第三个重要特征是非欧元区的欧盟成员国的监管当局可择机参与到单一监管机制中。第四个特征是货币职能和监管职能的分离所带来协同效应。欧洲央行这些新职能的集中表现，蕴含着更高层次的问责。通过强化制度性金融框架，表明了其巩固欧洲货币联盟的决心。

---

① 比托尔·康斯坦西奥（Vítor Constâncio）2013 年 1 月 31 日在第 11 届欧洲金融服务年会上的演讲。

全球监管体系改革的取向

对于金融发展而言，无论是理论研究和实践经验都说明，政府在推进监管体系的改革和促进效率方面无疑起着关键的作用。政府干预与否以及干预时机的选择都将影响到市场参与者的预期。干预以及时机的不确定性将带来市场的波动性，从而出现羊群效应（herd effect）或非理性行为（irrational behavior）。在这个领域中，过去的监管规则与市场规则均在危机中暴露其局限性。世界银行《2013年全球金融发展报告》中尤为强调，适时而强有力的和具有前瞻性的监管规则实施和市场纪律的结合是监管体系改革的方向。

大多数经济学家认为，激励问题（incentive issues）是导致金融体系不稳定性的根源。金融机构对于金融产品和服务的设计和销售，若激励措施不当，将带来可怕的后果。现代金融体系使得金融中介以有限的负债承载巨大的风险，而设计拙劣的金融监管规则或金融网会加速风险的积聚，从而使得各种利益攸关者监守自盗，瓦解金融体系。因此，制定和实施核心金融监管条例成为国际金融机构和各国监管部门的重中之重。

世界银行曾于2011年向各成员国发出有关监管的调查问卷，以便观察危机前后各国监管的基本状态。所考察的内容分为14大类和196个子类（见专栏5）。

专栏5

世界银行2011年银行监管调研指标

问题分类	子问题数量	重点考察的内容
银行业进入	14	银行业是否为分业监管以及监管业务的范围； 最低资本要求、创办资本来源以及针对特定风险的缓冲资本
所有权	7	监管部门对股东银行信息披露的要求和披露程度； 股东银行的资产负债表和收入报表； 单一所有者的最大比重及本土股东和国外投资者持股比例

续表

问题分类	子问题数量	重点考察的内容
资本	18	选用何种资本充足率标准以及测算风险方法； 最次资本要求是否覆盖信用、市场、操作风险及各类风险； 是否采用内部测算法针对经济资本进行评估； 杠杆率指标的采用
经营活动	5	银行参与证券、保险、房地产、套利基金和其他辅助类业务情况； 银行对非金融企业的产权投资情况
外部审计要求	14	对银行由最低限度的审计要求或时常变更专业审计机构； 是否将审计报告和财务报告向公众披露； 监管部门是否及时并直接收到这些审计报告； 银行监管部门获取审计报告的权力及与各监管机构的协调
银行治理	8	是否对银行治理有明确的指导和要求； 全球金融危机后是否改进本国的银行治理框架
流动性和风险多样化	4	银行集中度； 对资产多样化是否有管理规则或监管指导； 对流动性管理的要求及央行准备金或存款要求
存款人（存款）保险制度	19	是否有明确的存款保险体系及资金来源； 是否有专职管理存款保险的机构或由哪类机构代理； 存款保险机构或管理人的权限； 存款保险体系参与者和存款保险、数额的界定以及使用情况； 存款保险体系在全球金融危机后有何改进
资产分类准备金提取与冲销	9	是否有统一的资产分类标准，不良资产率的界定； 非预期损失的比例； 是否允许银行在特定时期后冲销不良资产

续表

问题分类	子问题数量	重点考察的内容
会计/信息披露	9	是否要求统一的会计账户及会计标准； 信息披露标准
规则/问题 机构/退出	12	各种令行禁止的规则； 监管部门是否在早期干预框架下进行操作； 现存法律解决问题银行的机制及实践； 全球危机后有何改进
监管	39	监管体系结构与指令及监管方法； 独立性与公信力；并表监管与系统监管
银行业特征	24	商业银行数量与所有者结构； 不良贷款率占贷款总额的比例
消费者保护	14	监管当局是否有责任实施保护消费者规则及监督； 对存款和信用有无管理法规及信息披露要求； 是否允许金融机构的消费者寻求第三方的救援

资料来源：根据世界银行 2011 年调研问卷整理，World Bank Banking Supervision Survey 2011。

这些调研问题的设计表明今后全球监管体系改革所关注的各个方面。对这些问题的回答基本上反映了各国政府在金融危机后对本国监管体系改革可能采取的立场和行为。

2017 年 12 月，巴塞尔委员会发布了有关《巴塞尔协议Ⅲ》的最终修订内容，明确了若干未决事宜。其中最重要的修订内容是提高信用风险和信用评估调整风险与操作风险标准法的稳健性及风险敏感性。其他修订内容包括限制内部模型方法的使用，引进杠杆率缓冲，进一步限制全球系统重要性银行的杠杆率。压力测试作为金融稳定性的另一保障因素，在美国已成为一项固定的年度工作，欧洲银行管理局也定期进行压力测试且要求日趋严格。

在美国，监管机构对银行违规行为的处罚力度较大，银行业需审慎经营。

美联储一直致力于建立有效的处置机制，银行需要建立"生前预嘱"（BCG，2018）①，详细说明银行在陷入严重财务困境或破产时如何快速有序地进行重组。银行向美联储提交处置计划已成为一项既定程序。欧洲建立了存款人保护制度，即银行处置和破产程序中，存款人比无担保债权人可优先获得支付。此外，根据合格负债最低要求制定资本和"可自救"债务的最低标准，确保必要时有充足的资本进行股东自救。前述的单一处置机制即用于处理银行破产问题。

　　然而，近期的风向正在改变。处于经济增长的政策诉求，美国特朗普政府力主放宽对银行业的监管力度，《2017 金融选择法案》（*Financial Choice Act of* 2017）意图取缔《多德—弗兰克法案》中的诸多条款，如放宽对资本充足银行的监管，终结在该法案下纳税人对大型金融机构的资助和救助，并规定对欺诈和内幕交易的实施者施加史上最严厉的惩罚。取消《沃尔克规则》，另有针对社区金融机构的 20 多项放宽监管的措施。尽管该法案在众议院通过后在参议院受阻，但表明美国的金融监管改革开始了一个新的轮回。

　　2018 年 5 月 24 日，美国总统特朗普签署了《经济增长、放松监管和消费者保护法案》（*Economic Growth*，*Regulatory Relief*，*and Consumer Protection Act*），旨在放松对美国中小型银行和社区银行的监管。根据新监管法案，资产规模低于 2500 亿美元的银行将不必参加美联储每年组织的压力测试，也不必向美联储报批有关破产后如何清算的"生前预嘱"。不过，新监管法案也赋予了美联储更大的自由裁量权，比如，对资产规模超 1000 亿美元的银行，有权根据风险评估情况决定是否采取严格的审慎监管标准。作为取缔《沃尔克规则》（*Volcker Rule*）受到阻力的一种妥协，此项法案改为放松《沃尔克规则》的适用范围，符合条件的社区银行将豁免执行。

　　放松金融机构的监管环境是否会后患无穷，是否意味着金融危机的沉痛教训被遗忘，甚至断送了金融业这些年卧薪尝胆主动适应监管趋紧的代价呢？静观美国放松金融监管的动向，回首 10 年前的金融大萧条，触发危机的经济隐患曾酝酿多年，低利率、宽松信贷和监管部门的"视而不见"与"默许"造就了有毒按揭资产所助长下的房地产泡沫。

---

　　① 波士顿咨询公司（The Boston Consulting Group，BCG）2018 年全球风险报告：《打造面向未来的银行风险管理机构》。

危机前的2005年，时任IMF的首席经济学家的拉詹（Raghuram G. Rajan）[①]曾发声警告，现存的刺激奖励机制，鼓励银行家冒险，可能最终会摧毁自己的公司，甚至整个金融体系。并非承担更大的风险便可以轻松产生绩效，真正的绩效应该是风险调整后的绩效。当金融体系监管减弱时，银行倾向于采取高风险的投机行为，这往往蕴含着长期的系统性风险，并为下一次危机埋下隐患。他的观点在当时被认为是反对金融业的改革而被漠视。

在金融监管体系的改革中，美国继续保持着世界上最分散化和分割的监管部门，金融管理改革日程更具野心。金融危机的冲击迫使美国朝着更细致和复杂的金融监管体制转变，因而更难融合。

英国金融监管体系的改革从分业监管过渡到混业监管进而实施"双峰监管，并在"双峰监管"的框架下强化对央行的问责和治理，形成了以英格兰银行在金融体系中的核心地位。"双峰"监管模式按照监管要达到的审慎目标和消费者保护目标来划分监管机构及相应的监管职责，因而称之为目标型监管，区别于传统的机构性监管和美国的功能型监管。

英国在过去的10年中致力于改变对银行和其他金融机构宏观审慎监管过于零散的局面。危机爆发前，英国金融监管体系由财政部、金融服务局、英格兰银行三方组成，财政部负责确立监管框架与金融立法，金融服务局对金融体系有统一的监管权，英格兰银行负责制定货币政策和维护金融稳定。金融危机之后英国对金融监管体系的改革赋予英格兰银行维护金融稳定的核心地位，并于2013年颁布《金融服务法案》，原来的金融服务局（Financial Services Authority，FSA）一分为二，形成金融行为管理局（The Financial Conduct Authority，FCA）和审慎监管局（The Prudential Regulation Authority，PRA），俗称"双峰"监管模式。前者直接向财政部和议会负责，对超过56000家公司进行行为管理，并负责对PRA监管范围外的约18000家金融机构进行审慎监管，加强对消费者的保护。后者直属英格兰银行，负责监管大约1500家银行、住房互助协会、信用合作社、保险公司和主要的投资银行。在英格兰银行理事会下设金融政策委员会，由英格兰银行行长任主席，成员包括货币政策委员会（MPC）主席、审慎监管局主席和金融行为局主席。金融政策委员会负责识别、评估、监测系统性风险，全面维护英国金融系统整

---

① Raghuram G. Rajan (2005). Has Financial Development Made The World Riskier? National Bureau of Economic Research. Working paper, 11728, November 2006.

体稳定。法案赋予金融政策委员会强有力的宏观审慎管理手段，包括指令权（direction）和建议权（recommendation）。

英国议会颁布的《2016 年英格兰银行与金融服务法案》，标志着由货币政策委员会、金融政策委员会和审慎监管委员会共同组成的英格兰银行组织架构正式形成，负责和行使货币政策、微观审慎监管和宏观审慎管理职能。审慎监管局和金融行为局的"双峰"监管再次变革，终结审慎监管局在英格兰银行的从属地位，而将其融入英格兰银行内部，并强化对英格兰银行的问责和治理。

这种监管的新结构刻意营造了独立审慎监管的机构，全面负责宏观审慎监管以及与金融机构一系列行为有关的监管职责，将宏观和微观监管紧密结合。英国成立的金融政策委员会，期望通过制定监管政策维护金融稳定。对于问题银行的救助方案，重点在于打破国家对银行机构所谓的显性或隐性担保，因为政府的刚性担保无论是显性的还是隐性的，都意味着政府要承担评估风险，而政府部门又很难在任何时候都做出正确评估，还要避免评估过程中的寻租和游说。

英国监管部门一直强调银行业的自律性，建立有效的自救机制。通过高层管理人员制度，使得所有金融机构的高管们对下属的行为层层问责，这是一种文化变革，促使金融机构变得安全而灵活，更加稳健和成功。这种监管结构的改革对监管部门提出了更高的要求，监管部门要确保自己不是问题的一部分，而是问题解决方案的一部分。体现了"预防重于救治"的科学监管理念。

鉴于历史教训，从全球与国家不同层面上的金融监管体系的改革来看，重点在于识别和强化具有体系重要性的金融机构，制定补偿政策，减少监管部门对评级机构的依赖，增加信息披露和透明度等。同时，循序渐进地调整金融监管和管理的框架结构，加固显性或隐性的金融安全网，以确保公众对金融体系的信心，这将是一个需要长期坚守的目标。

第6章 信用评级：谁为夜卫？

> 在我看来，当今世界有两大超级强权，即美国和穆迪。欲摧毁一个目标，
> 前者扔的是炸弹，后者的武器是债券评级。相信我，有时很难说谁更强大。[①]
>
> **——托马斯·弗里德曼**

对于充满着不确定性的资本市场而言，独立、公正和有效的信用评级机构的存在是必不可少和至关重要的。从理论研究来看，一方面，信用评级机构具有信息提供者和"金融守门人"的双重身份，处在与被评级主体、投资者和监管当局等多方博弈关系的中心。信用评级机构在现代金融体系当中的地位和运作方式是需要严格审视的，它们所提供的信用评级在揭示信用风险、推动资本市场健康发展、维护金融体系的稳健性等方面具有无可替代的特殊作用。这种作用必须以信用评级机构声誉资本的积累从而具有公信力为前提。

然而，信用评级产业的持续繁荣与评级信息质量的下降这一悖论的出现，尤其是信用评级机构在金融危机中的表现引起了公众的质疑。有些问题浮出了水面：信用评级机构提供的信用评级的权威性和准确性应该以什么标准来评价，即"谁为夜卫"？

信用评级悖论

美国现代金融与金融市场监管领域的专家 Partnoy 提出信用评级的悖论并做了理论分析，以此为契机，引领了学术界对信用评级价值、利益冲突与博弈、信用评级驱动机制异化等问题的讨论和争议。

Partnoy（2006）[②] 认为，信用评级机构在金融市场上应该是"金融市场

[①] The News Hour with Jim Lehrer：Interview with Thomas L. Friedman（PBS television broadcast, Feb. 13, 1996. transcript on file with author Partnoy, Frank）.

[②] Partnoy, F.（2006）. How and Why Credit Rating Agencies Are Not Like Other Gatekeepers, Research Paper No. 7 - 46.

守门人"，与银行、财务公司等行业有着同样的功能。但是，信用评级与其他金融市场守门人的权利和义务在实际运行中有着较大的差异。这种差异源自其自身独特的垄断地位和监管部门对 NRSRO 成员评级的依赖，还有法律的原因。在美国，评级业受到美国宪法第一修正案的保护①。所有 NRSRO 成员的信用评级有特别价值，却无须承担民事与刑事责任。从这个意义上说，评级机构宁愿扮演出版商的角色，而不是像证券分析员或审计师那样充当金融市场守门人。信用评级机构在获准管制许可证后可出售信息以及与管制有关的价值财产权，且由于管制部门设置的行业壁垒而获取超常利润。信用评级一旦通过法定规则，公众就会严重依赖评级。在任何情况下，无论从金融监管的角度如何推敲，评级机构比任何其他守门人都更能有效地运用特权包括免责权。

信用信息评级正被广泛地运用于风险管理、金融监管、债券风险定价、银行授信等业务中。随着人们对信用评级认识的深化、信用评级产品的创新以及信用信息评级传播途径的拓宽，信用评级对未来的社会影响力将日益显著。然而，次贷危机引发的全球金融危机使国际信用评级机构所提供的信用评级及其信息价值受到质疑。这一问题变得如此引人注目以至于经济学家、政治学家、法学家和社会学家乃至监管者从各自的角度皆参与讨论。由于信息评级牵连广泛，涉及理论、实践和政策，随着金融创新成为金融市场基本的和持久的趋势，围绕信用评级的矛盾将越来越尖锐。

信用评级的价值与信誉资本的积累息息相关。信用评级是信誉资本的衍生品。个体信誉的建立与改善赢得了社会的尊重，即积累了信誉资本，从而使交易成为可能。同时，信用评级还可以使市场参与者减少达成交易协议的成本，信用评级的这种价值在市场行为主体不断地相互作用时体现得更加明显。

然而，随着金融市场的发展，信用评级业的持续繁荣与评级信息价值的下降这一独特的现象引起了学术界的关注。一方面，信用评级具有极高的市场价值，有着强大的市场影响力，投资者的投资决策在很大程度上依赖于信用评级机构所提供的关于金融工具的信用评级，信用评级业正日趋繁荣；另一方面，大量的迹象表明，信用评级所提供的信息价值很不充分，信用评级的信息价值显著下降，甚至出现了很多无法预料的毁约行为和信用下降的

---

① 即美国宪法关于新闻业以及保障新闻自由、言论自由和宗教自由法案的保护。

案例。

一些学者对这种悖论产生的原因做了分析。Kormos（2008）[1] 从现代市场经济中各方的资金需求与投资能力的角度，分析信用评级的利益冲突。获得贷款、信用或其他债务资本是商业成功不可缺少的元素。但经济实体获取资本和投资能力所需要的资金受到"信用评级"的限制。而这些评级实际上是由不受管制的信用评级机构来决定的，这就鼓励了评级机构有可能牺牲市场有效性而将评级机构自身的利益强加于发债市场。从而主导机构投资者的决策，但无须承担风险。

就美国而言，20 世纪 70 年代以前，信用评级并无实质性的作用。美国证券交易委员会（SEC）以授权 NRSROs（Nationally Recognized Statistical Ratings Organizations）的方式替代对评级业的管理。获得认可的评级机构就相当于获得了一种价值财产权。信用评级业变成了一种寡头垄断的市场结构（Partnoy，2006）[2]。这种"监管许可证"是给予 NRSROs 名下评级机构的经济租金，即使绩效很差，其资格也几乎不受任何影响，更不会有失去信誉资本的风险。

在信息评级机构的特许专营权价值不断增高的同时，他们所提供的信息价值何以下降？从理论上说，评级机构引用的评级标准应该是客观和公正的。Aysun（2010）[3] 以 1985—2007 年公司信用评级标准的时间序列变化来测试信用评级标准的结构变化，有两个发现。首先，1985—2002 年同期的投资级证券的评级级别与投机级证券评级级别的标准有差异，评级公司对投机级债券的信用评级更宽松，尤其是对于首次进入发债市场者更是如此。而对后者的宽松标准与网络公司的破产倒闭是同时发生的。其次，在 2002 年后，投资级与投机级债券的评级标准都倾向于更严格的评级水平，这说明评级公司在安然公司倒闭和《萨班斯—奥克斯利法案》（*Sarbanes - Oxley Act*）通过后不得已而有所收敛，转向更保守的评级。

诚然，评级信息滞后与市场预期的评级变化之间的相关性分析并不能得到完全的证明，但是，有一点是很明显的，市场领先于信用评级机制的改革。

① Kormos, B. (2008). Quis custodiet ipsos custodes: Revisiting Rating Agency Regulation, College of Law of University of Saskatchewan. Working paper.

② Partnoy, F. (2006). How and why credit rating agencies are not like other gatekeepers, Research Paper No. 7 – 46.

③ Aysun. Alp (2010). Structural Shifts in Credit Rating Standards. Robert H. Smith School of Business, University of Maryland. working paper.

Ory 和 Raimbourg（2008）[①] 在研究债券市场上信用评级信息与债券市场价格波动的关系时指出，评级信息公告与债券价差的关系并不清晰。高级别评级对债券价格的影响微乎其微，而低级别评级反倒与债券差价的变化一致。债券市场通常应该是传递发行者违约风险信息的，但在很多情况下，债券差价的变化先于低级别评级信息的出现，从而引起公众对这些信用评级价值的质疑。

在美国次贷危机发生后，评级机构所提供的信用评级在高端金融产品市场上并未得到普遍的认可，但他们的特许专营权却越来越有价值。信用评级的悖论依然如故。尽管信用评级业对投资当事人的管理风险并无建树，但投资者却越来越依赖于信用评级。

利益冲突

信用评级悖论的出现与评级发展过程中的利益冲突有着直接的关系。在信用评级市场上，有一种奇特的三方关系。信用评级机构对某种债务工具的风险作出评估，并公开发表其信用评级；某种债务工具被评估的公司，为这种信用评级服务付费；而最终使用这些信用评级的投资者获得公开信用评级信息无须直接为直接付费。另一个突出的现象是，评级业是一种管制型寡占垄断行业，这两种现象结合在一起，其结果必然会导致道德风险问题。

20 世纪 70 年代，美国金融监管方式的改变将评级业推向债券信息市场的中心，评级机构通过信用评级不停地调整并左右着各种债券的信誉度，而且信用评级获得了法律效力。SEC 在 1975 年构筑了信用评级进入壁垒使问题进一步恶化。第一次世界大战后，美国资本市场的膨胀刺激了对信用评级的需求。但是，1929 年的大危机使投资者对信用评级的兴趣大降，再加上股市价格的透明，信用评级的价值尚未凸显，相关的法律也没有出台，此时的信用评级并无实质性的作用。直到 20 世纪 70 年代中期美国 SEC 对 NRSROs 的授权改变了投资者对信用评级价值的看法。尽管 SEC 并没有明确界定 NRSROs 的含义，却对一些大的评级公司赋予评级资格。20 世纪末和 21 世纪初，NRSROs 属下的三大评级机构：穆迪（Moody）、标准普尔（Standard & Poor）

---

① Ory, J. N. and Raimbourg, P. (2008). Credit Rating Agencies' Function on Bond Markets: Price Stability Vs Information Transmission, 21st Australasian Finance and Banking Conference 2008, Working Paper Series.

和惠誉(Fitch)业已占据了美国乃至全球评级业的垄断地位。无论是监管部门还是投资者对这些评级机构的信赖已经到了无以复加的地步。White(2009)[①] 分析了美国三大公司在2007—2008年次贷抵押市场上的表现,认为信用评级机构实际上是在推波助澜。

Partnoy(2006)在分析信用评级机构功能的变化时还指出,作为私人金融市场的守门人,信用评级机构在债券发行过程中并不是主要的机构,只在发行过程中分得一杯羹。但是,信用评级机构面对的潜在利益冲突比其他守门人严重得多,即由发行者直接付费。评级机构主动提供信用评级的同时附加与评级有关的咨询服务,有潜在迫使被评级者付费的倾向,类似于捆绑销售。在这个过程中,发行人和信用评级机构都面临很大的压力。发行人一方面担心不购买评级机构的其他服务可能会对评级造成消极的影响;另一方面,发行人期待通过购买辅助性服务而提高对他们的评级。于是,一方面发行人不得不购买评级机构的辅助性服务以防被降级;另一方面,发行人不得不保持与评级机构的合作关系。而对于信用评级机构,一旦标明对发行者的评级后就很难改变,评级机构因此而受制于已经给出的评级。这是一种潜在的利益冲突,也是评级者与被评级者之间的利益博弈。

围绕信用评级所引发的所有问题大多源自为这一行业所设置的壁垒和潜在的利益冲突;尽管对于潜在利益冲突以及不公正行为的检验设计是异常困难的,针对披露不充分和竞争程度的测度等都是基于主观基准,不易量化,因而很难获得强有力的实证支持,但不能否定问题的存在。大的评级机构通常会扮演双重角色,既对市场参与者提供信息,又吸收被评级者作为股东,从而产生相互矛盾的激励机制。这些矛盾如何影响评级机构的行为以及信用评级特征的因素如时效性、稳定性和准确性的研究尚待检验。

Partnoy(2009)[②] 特别强调NRSROs成员发布的信用评级对世界资本市场的影响。无论是银行、经纪人、货币市场基金证券持有者、养老基金期权的投资者等的净资金需求还是对信用评级的法律需求都在大量增加,由此,评级公司已经从信息提供者转向管制许可证的承办商,通过"不健康的竞争"获

---

① White, L. J. (2009). The Credit Rating Agencies: Understanding Their Central Role in the Subprime Debacle of 2007 – 2008. Critical Review. No. 5, Available at SSRN: http://ssrn.com/abstract = 1434483.

② Partnoy, F. (2009). Rethinking Regulation of Credit Rating Agencies: An Institutional Investor Perspective. Legal Studies Research Paper Series Research Paper No. 9 – 14.

取额外利益，这一点与他们评级的准确度无关，甚至与评级公司的规模也无关。

　　类似于监管当局的顺周期行为，信用评级机构也存在同样的问题。到目前为止，很多迹象表明，评级机构在经济繁荣时偏向于评级膨胀（rating inflation），而在萧条时评级紧缩（rating deflation）且降级严酷，备受关注的穆迪、标准普尔和惠誉三大国际性评级机构都暴露了这样的评级轨迹。Zhiyong Yao 等（2017）[①] 以其建立的两阶段声誉模型考察了信用评级机构的行为，结果说明，在均衡状态下，评级膨胀和评级紧缩都可能发生，信用评级机构的行为由于声誉过度（即被过度信赖）或声誉不足而扭曲，皆具有顺周期的特征。在这个模型中，信用评级机构可能是诚实的或机会主义的，投资者可能是久居沙场或者是新手，证券的质量也有差别。信用评级机构应发行者要求给出一组不同级别的评级，而发行者付费后只公布有利评级信息，诚实的评级机构给出的信用评级报告是真实的信号，而机会主义的机构的评级报告仅选择能够获取期望收益最大化的信号，从而以长期的声誉代价换取短期的利益，为保持声誉，若成本足够小便会发生评级膨胀，反之为评级紧缩，依商业循环的不同阶段而定。

　　此外，信用评级业越来越偏重于结构融资和新的综合债务产品，特别是信用衍生品，这已成为信用评级业的主要收入来源和利润。这种倾向在信用违约互换（（the credit default swap，CDS）和债务抵押债券（collateralized debt obligations，CDOs）的评级方法上可见一斑，此种衍生品交易本来与信用评级业并无直接关联。信用评级机构真正介入的是抵押债务债券（collateralized debt swap，CDS）市场。尽管 CDS 分类与变异繁多，但基本机制类似，即将一个由一系列原始信贷资产构成的资产池按照不同年期与风险特性划分为块，然后由评级机构根据相应的数学模型对资产块进行评估（包括违约概率、名义价值、回收率、违约相关性等），并分别赋予不同的信用级别。发行人根据资产块的等级打包重组，出售给有不同要求的投资者。在此类交易中，信用评级机构更像是"开门人"而非守门人，因为没有任何其他守门人可以参与创造这样一种特殊衍生品。由此，信用评级机构在债券市场上的角色异化为它自身本质的对立面。

---

　　① ZhiyongYao et al. Rating deflation versus inflation：On procyclical credit ratings. Pacific – Basin Finance Journal Volume 41，February 2017，pp. 46 – 64. 关于评级顺周期，文献基本达成一致的结论。（Skreta and Veldkamp，2009；Bolton et al.，2012；Bar – Issac and Shapiro，2013；Fulghieri et al.，2014）.

信用评级机构角色的异化使得信用评级业的驱动机制也发生了异化。对信用评级机构的发展历史考察可以说明，信用评级业早期的发展比较注重名誉资本的积累，符合名誉驱动机制的运行规则，但是，在 19 世纪 30 年代大萧条之后，尤其是在 19 世纪 70 年代以后，信用评级业的运作模式更多地异化为利益驱动机制。美国 20 世纪 70 年代中期 SEC 提名 NRSROs 前，信用评级业的收入来自其刊物的订阅费，而不是发行者的评级费。当今的信用评级业却无一例外地按债券发行规模的一定比例收取评级费。而且，目前信用评级的发行者其交易的评级费已占评级业收入的 90%。面对如此重大的利益冲突，信用评级的提供者比其他部门有着更明显的利益驱动。尤其是 CDOs 市场的反常现象更证实了这一点，尽管获得评级的投资级债券并不赚钱，甚至损失惨重，但评级机构却财源滚滚。信用评级过程缺乏透明度，也可以理解为信用评级业并不是靠积累信誉资本而生存。否则，在信誉驱动下的信用评级业应该将信用评级过程透明化，即使其他的进入者可以复制其中的技术和方法，也不足以对信誉资本累积丰厚的评级公司构成威胁。

总之，从理论上分析，本来意义上的信用评级是评级业为了建立良好的名誉而对债券进行正确的评估，应具有极大的价值，可以为投资者提供市场所不具有的信息，如果信用评级机构无法提供良好的评级，那么它的信誉继而利润就会遭受损失，所以，信用评级业有着强有力的动机为投资者提供公平合理的评级信息。但是现实中围绕信用评级出现的一系列问题表明，信用评级业及其信用评级过程更多地受利益驱动，产生了信用评级过程中利益攸关者的相互博弈和驱动机制的异化，根源就在于评级业其垄断地位和法律保护所产生的角色异化，"管制许可证"不过是一种表现形式。

破解悖论的可能性

信用评级悖论可否破解？这涉及信用评级机构乃至整个评级体系的改革和相关政策。Partnoy（2009）认为，信用评级中信誉缺失最重要的原因是监管当局过分依赖管制许可证体制下的信用评级，很少认真考虑信用评级业的责任问题。要削弱管制许可证的利益，最根本的方法是取消 NRSROs 的指定，这一点尽管目前在政治上行不通，但可寻求替代选择。如开设新的 NRSROs 市场；管制者可以市场为基础的信用差价或信用违约互换为基础的信用风险测试替代 NRSROs；另以"注册"替代 NRSROs 机制。

加强竞争，提高透明度，减少利益冲突和改善评级依赖型的管理等都建立在"信誉资本"的理论基础上，其含义是，在良好的环境下功能可靠的信誉驱动机制可以制止低质量评级。但 Hunt（2009）[①] 认为，即使功能可靠的信誉驱动机制也不能确保评级机构对新的金融产品给予最恰当的评级。当新产品出现时，评级机构并不拥有对新产品高质量评级而累积的信誉资本，无论给出何种评级都不会在信誉上有所损失。即使对特殊产品给予的低质量评级可能有损于评级机构对其他产品评级的信誉，只要新产品额度足够大，还是会诱惑评级机构发布低质量评级。Hunt 主张用强制评级机构定期交出评级业绩中低质量评级部分利润的方法来解决，这种机制是建立在市场的反欺诈规则基础之上，优于目前的体制，也优于诸如禁止评级机构对 SEC 业已批准的产品以外的新产品评级的设想。

Kormos（2008）[②] 提出，从现代市场经济中，信用评级实际上是由不受管制的信用评级机构来决定的，鼓励了信用评级过程中的违规和投机行为，要纠正这种偏差，信用评级体系需要回归到前 NRSROs 时代，变"发行者付款"的模式为投资者订阅的历史，从而可消除很多利益冲突。同时，展开小评级公司的竞争，排除为有毒资产进行高评级的动机，重建评级的科学合法性，提高市场效率和投资者信心。而信用评级机构可从 SEC 全面授权的垄断机构转变为受制于各种民法和刑法约束的行业。Mendales（2008）[③] 强调，信用评级机构作为资产抵押证券的代理涉足并间接创造衍生品，这说明这一行业的资本化过程依赖于高评级甚于依靠基础资产。具有讽刺意味的是，SEC 在 20 世纪 70 年代给予信用评级机构以特权之后，80 年代资产抵押债券便成倍增长，美国国会的《加强二级抵押贷款市场法案》（*The Secondary Mortgage Market Enhancement Act*，SMMEA）助长了这种特权。其结果不论是 SEC 的临时规则（后来并入"管制修正案 AB"，Regulation AB）还是 2006 年的信用评级机构改革法案都没有成功地强化评级业竞争，在信用评级的透明度上也没有任何建树，以至于导向危机。

简而言之，债务抵押债券市场的失败在于衍生品的复杂性超出联邦证券

---

① Hunt, J. P. (2009). Credit rating agencies and the worldwide credit crisis? The Limits of Reputation, the Insufficiency of Reform, and a Proposal for Improvement. Columbia Business Law Review, Vol., 2009, No. 1: 109 – 183.

② Kormos, B. (2008). Quis custodiet ipsos custodes: Revisiting Rating Agency Regulation, College of Law of University of Saskatchewan. Working paper.

③ Mendales, R. E. (2009). Collateralized explosive devices: why securities regulation failed to prevent the CDO meltdown and how to fix it. Penn State University, Research Paper No. 9.

法的管制范围，评级体系填补了这个空白，而后者又超出了 SEC 的监控范围。其结果评级的高低却成为信用衍生品协议的基础。对目前危机最好的回应和对将来危机的预防是增加评级透明度，而不是暗箱操作。对管理者和投资者而言，简单地停用信用评级是不现实的。评级业所享有的授权已经构成金融市场的一部分，不可能瞬间消失，只能改进对信用评级机构的管理框架。短期内，最重要的是加强监管和信用评级的可信度。例如，Mendales 提议的政府创建新的信用机构监管董事会，并授权其监管信用评级机构的业务，包括披露与利益冲突有关的信息和评级方法，加强协调能力以减少对信用评级的过分依赖。另一选择是强化 SEC 对评级业务的监管，消除对评级机构的有效免责权，对评级机构和银行、财务公司等金融市场守门人一视同仁，提高信用评级的可信度，促使决策者在更大范围内推动对系统性危机的监管。

　　Lynch（2009）[1] 将监管信用评级机构的相对疏漏归因于信用评级机构仰仗它们在金融界的垄断地位而自行其是。美国国会因此而通过了《信用评级机构改革法案》（*The Credit Rating Agency Reform Act*），并通过政府有关部门和媒体对次贷抵押市场进行调查，结果使公众对信用评级机构的自我管理能力或信誉的完整性疑惑更深。Lynch 建议政府设立公用基金以增强信誉评估体系，或利用公用基金雇用私人评级机构作为独立的评级机构，还可以通过税收体系的应用激励私人评级业发布更精确的信用评级。Reiss（2009）[2] 认为是评级业提供的信用评级误导了投资者，加剧了次级市场的急剧膨胀，因此，改革评级体系应该重在保护消费者的利益。

　　在美国的次贷危机爆发前夕，穆迪、惠誉和标准普尔三家享有国际声誉的评级机构一直给予以次级抵押贷款为基础资产的结构化金融产品 AAA 级为主的信用等级，对投资者产生了严重的误导。危机爆发后这些评级机构遭到来自各界的广泛批评。一方面说明评级机构对主体和债券的评级缺乏准确性，另一方面证明了信用评级对债券市场的重要程度。

　　鉴于评级机构在次贷危机中所起的负面作用，SEC 在危机后从加强信息披露、增加评级竞争、改进评级技术和减少利益冲突等方面做出了相应监管上的改变。

---

　　① Lynch，T. E.（2009）. Deeply and persistently conflicted：credit rating agencies in the current regulatory environment. Brooklyn Law School Legal Studies Research Paper Series，Number 133.

　　② Reiss，D. J.（2009）. Ratings Failure：The Need for A Consumer Protection Agenda in Rating Agency Regulation. Brooklyn Law School Legal Studies Research Paper Series，No. 154.

例如，要求未接受发行人聘请的信用评级机构，有权力得到评级所需的基础数据和信息并向外界提供证券化产品评级，便利于发行人基础数据和信息的公开，增加了评级市场的竞争。监管部门还要求评级机构采用不同模型对结构化金融产品和一般的债券评级进行区别评级。

破解信用评级悖论的关键在于解决信用评级原有的利益冲突问题。学术界和金融界讨论的一些建议，部分体现在美国 2010 年 7 月通过的《多德—弗兰克华尔街改革与消费者保护法案》（*The Dodd-Frank Wall Street Reform and Consumer Protection Act*）中。该法案要求美国证监会对信用评级行业进行研究整顿，设立新的准官方机构，允许投资者以"故意或草率"为由，控告信用评级公司的某些"渎职"行为。新金融监管改革法案条款对评级业赋有新的法律义务。同时，参议院通过的另一项修订案要求终止三大评级公司作为 NRSROs 成员所获得的特殊保护。

悬而未决的矛盾

信用评级的悖论源自监管部门对信用评级的过度依赖和评级业的利益冲突。信用评级过程中利益攸关者的相互博弈，以及评级机构与其他金融市场守门人以不同的行业面目在金融市场上的相互博弈，揭示了其发展过程的深刻矛盾。信用评级业在金融市场中角色的异化以及由此带来的驱动机制的异化，同样植根于信用评级的行业垄断和信用评级体系运作机制的改变，也为评级业的道德风险埋下了隐患。

随着金融市场的进化和金融创新产品不断涌现，围绕信用评级的矛盾将越来越尖锐。破解信用评级悖论应达到的最理想状态应该是既能维持评级业的繁荣，又能提高信用评级所包含的信息价值，建立合理有效的激励机制。

就长期而言，监管和责任要求信用评级业复位于真正的信息中介。投资者期待更强有力的金融监管和有价值含量的信用评级，也在寻找新的金融工具评估信用风险。金融监管部门的干预重在设立新的激励机制，确保信用评级机构有持续的动力积累信誉资本。改革的最终结果应该是建立多元化的评级体系，使机构投资者对评级信息的获取有更多的选择权。

2008 年金融危机之后，基于以往信用评级的监管对金融稳定所造成的负面影响已在全球监管层取得共识，巴塞尔金融稳定委员会于 2010 年和 2012 年分别发布了一系列原则和途径，旨在减少机械性地依赖于信用评级作为监管依据的可能性，将原有的依赖条款从法律中消除，重新界定信用评级机构的资格和信用可靠程度（Bedendo et al.，2018）①。这些措施在多大程度上能够改变监管许可证所带来的道德风险问题，还有待实践考证。

据《华尔街日报》报道，美国三家评级机构在 2016 年发布了全球超过 95% 的债券评级，与 2008 年之前基本持平。这表明，危机后近 10 年中，三大评级机构自身的评级从未遭下调。银行和债券发行人仍在向评级机构付费获得评级，业务模式并没有改变，也意味着这种模式可能存在的利益冲突并没有从根本上得到解决。

与此相关的几个问题也悬而未决。一是信息价值衡量的标准。从理论上说，评级机构引用的评级标准应该是客观和公正的，那么基准是什么？相关的第二个问题是，由谁来确定信用评级机构信息价值的含量或质量高低？换句话说，信用评级的权威性由市场确定还是由货币当局确定？如果成立官方或准官方机构来判断，如何杜绝新的道德风险问题？

随着信用评级悖论的破解和司法理念的转变，信用评级业和其他金融市场守门人的区别会逐渐缩小或消失。那么另一个问题是，评级机构的性质如何界定，它们是媒体还是金融企业？如果继续由债券发行者为信用评级付费的话，那么评级机构主动提供评级与辅助服务就是对保护记者话语权的最大扭曲，大量事实说明，金融市场参与者并不仅仅将信用评级视为记者的"评论"。关于信用评级的信息发布，其"言论"与其他守门人并无二致。那么，余下的选择是，要么退回到信用评级业出现的初始状态，作为出版商只对其发布信息的出版物收费；要么将其作为金融服务业的一部分予以规范，与其他金融市场守门人扮演同样的角色并适用同样的游戏规则。

中国信用评级业发展的历史仅有 30 年，2013 年以前甚至没有披露过债券违约率和发行人主体违约率的信息。近年来，国内市场上的几大评级机构如联合资信等开始陆续发布有关的发行主体和企业债的违约率信息。在其短暂的历史中某些冠以国际资信评估的公司所暴露的评级虚高和利益冲突问题已经足以引起业界的警惕。信用评级机构作为债务融资市场的重要中介机构，如果不能恪守独立、客观和公正的原则，违规操作，买卖评级，实际上就背离了资本市场"守门人"的职责。因此，国内市场信用评级业需要加快建立起完整的评估、检验和监控体系，以推动发展多元化和多层次的资本市场。

---

① Bedendo et al. Reputational shocks and the information content of credit ratings. Journal of Financial Stability, Volume 34, February 2018, pp. 44 – 60.

第三篇

金融科技创新的理性思考

第 7 章　金融创新的征程

金融工程便利了风险的转换和重塑，从而催生了新产品的扩展，这些产品将风险分解、转移和组合，以便与客户的需求相匹配。金融创新由此拓宽了金融消费者的选择，使得公司和家庭改善风险管理成为可能并获取相应的福利。然而，大量市场缺陷（market imperfections）的摩擦降低了金融创新的效率。[①]

——简金森

金融创新（financial innovation）始于 20 世纪 60 年代并在 80 年代中期达到一个高峰。当时的金融创新主要是指发展迅速的新金融工具和金融中介地位的变化，主要表现为衍生金融工具的发明和金融证券化趋势。对于金融创新并没有一个严格的定义。巴塞尔委员会的十国集团将金融创新诠释为金融工具若干特性的解捆和重新组合，如收益、价格风险、信用风险、国家风险、流动性、可买卖性、定价惯例、数量大小和期限长短等都可以重新配套。在这个过程中，新的金融产品大量引入，各种抵押支持债券、证券化资产、衍生工具数额急剧膨胀，与金融期货、期权及其他衍生证券有关的市场也成为主要的市场。金融创新在广度和深度方面的扩展刺激金融中介、公司增加了对新的金融工具的需求。事实上，金融市场规模的扩大使得同时期各类金融中介的重要性也发生了明显的变化。

金融创新一方面为金融全球化提供了客观基础和强有力的技术支持，另一方面又成为发达国家放松管制和发展中国家金融深化或发展的主要诱因。国际信贷流量证券化趋势，加速了全球金融市场的一体化，同时，也使国内金融市场与国际金融市场连接为一体。与此同时，当一地的金融市场出现了

[①] Nigel Jenkinson（2008）. Financial innovation – what have we learnt? Nigel Jenkinson, Executive Director, Financial Stability, Bank of England, speech in the Reserve Bank of Australia Conference on "Lessons from the Financial Turmoil of 2007 and 2008", Sydney, 14 – 15 July 2008.

"明斯基时刻"的先兆，很有可能招致其他市场的连锁反应，加剧传染的范围和程度。

在探讨金融危机的原因时，金融创新的动机和激励机制也饱受争议，因为金融创新的一部分有着明显的规避监管的倾向，蕴藏着潜在的风险。

徘徊于体系边缘的影子银行

影子银行本质上是一种金融创新，也可以说金融创新造就了影子银行。例如，金融创新的证券化（securitisation）趋势和表外业务（off‑balance‑sheet activities）重要性的增加，使得银行业有可能借助衍生金融工具改变传统的信贷业务，既做代理业务，又做投资业务。通过运作衍生金融业务直接参与衍生金融市场交易，以分散所持各种资产的风险。银行在媒介这些表外业务时所受到的监管要宽松得多，而且银行致力于传统信贷以外的创造性融资。与此同时，大量的非银行金融机构例如各类基金、信托公司、财务公司和金融公司等竞相进入资产管理领域。这两部分构成了影子银行的主体。

影子银行的概念出自保罗·麦卡利（Paul McCulley），他不仅形象地使用了"明斯基时刻"来刻画俄罗斯1998年的金融危机和美国2007年的次贷危机，同时用"影子银行"（shadow banking system）来形容游离于严格监管之外但行使银行功能的非银行金融系统。学术界和监管当局对于影子银行的界定众说纷纭，褒贬不一。麦卡利（2009）[①]认为，影子银行是一些致力于创造性融资的机构，尽管经营合法，却远离监管。创造性的融资将全球金融体系推向顶点，而后引向深刻的系统性危机。这类融资创造在严格管理的银行体系内是不可能的，实际上这种创造力来自"影子银行体系"的崛起。影子银行体系的出现造就了历史上最大的借贷繁荣，而后跌入史无前例的金融危机深渊。麦卡利认为，明斯基在他的金融不稳定假说中已阐明影子银行的内涵，尽管他没有明确使用这个概念。

《巴塞尔协议Ⅲ》曾对影子银行有过深度讨论，将影子银行描述为介入正式银行体系以外的实体或业务的信用机构，或者是一种依靠各类专家和非银行金融中介重新分配银行的功能。金融公司、结构性投资工具、由资产支持的商业票据、有限目的融资公司、信贷避险基金、货币市场共同基金、证券

---

① McCulley（2009）. The shadow banking system and Hyman Minsky's economic journey. Globle Central Bank Focus，May 2009.

借款机构、政府赞助企业等都属于影子银行的范畴。

影子银行常常和影子银行体系通用，从广义上可称之为影子信用中介（shadow credit intermediation）。FSB 从广义上定义影子银行体系为"在正式监管的银行体系之外涉及实体和活动的信用中介。"[1]影子银行提供了便利监管套利的额外渠道和额外的杠杆率，有可能进行跨界监管体系套利、评级套利以及管理、税收和经济资本套利。《巴塞尔协议Ⅲ》建议对影子银行的交易规模和现金流转监控，控制杠杆率，要求影子银行机构披露产品的交易与相关信息，强化透明度和监管协作。

影子银行被认为是 2007 年次贷危机的主因之一，饱受诟病。影子银行的一些活动通过各种渠道危及金融稳定。例如，货币市场基金（money market funds，MMF）是一种典型的影子银行。MMF 的产品结构缺乏透明度，投资者很难区别不同基金资产的质量。危机伊始，欧洲市场上的投资者便大量赎回基金单位，这种赎回风潮由于美国 MMF 市场第一轮的波动而得到强化。影子银行的挤兑在欧洲 MMF 市场上引发传染效应，最终酿成群体行为。这一过程类似于"明斯基式"（Minsky - like）场景，即繁荣时冒险，环境恶化时逆转（Bengtsson，2013）。[2]一旦发生 MMF 挤兑，很快会蔓延至银行业，反之亦然。事实上，欧洲一些国家监管当局对 MMF 机构提供的单边存款保险或流动性担保以及美国危机期间为 MMF 行业提供的支持项目，不仅刺激了 MMF 资金的流出，而且瓦解了金融体系其他部门的稳定性，从而无法达到维持金融稳定的本意。

通过影子银行体系，资产管理成为银行主要的资金来源，并且也是非 M_2[3] 货币需求的主要供给方，实际上成为影子银行的担保"矿源"，银行通过重复使用从资金管理者那里挖出来的抵押担保品。据此计算，美国在 2007 年底的影子银行体系规模达到 25 万亿美元，2010 年依然高达 18 万亿美元，均高于早期的预估值。因此，监管者在确定银行的杠杆比率时应该考虑到抵押担保品的重复使用。同时，监管方应该更加密切注视资产管理者对非 M_2 货币

---

①　FSB（2012）. Strengthening the Oversight and Regulation of Shadow Banking Progress Report to G20 Ministers and Governors，16 April 2012.

②　Elias Bengtsson（2013）. Shadow banking and financial stability：European money market funds in the global financial crisis. Journal of International Money and Finance. Volume 32，February 2013，PP. 579 - 594.

③　货币供应量中的广义货币。

的需求,将影子银行纳入监管范围(Pozsar 和 Singh,2011)①。

Pellegrini,et al.(2017)②对英国 143 家 MMF 调研并实证研究这些机构相关变量对系统风险的影响。在 2005 年至 2013 年整个时段内,有关公司与金融部门的描述性统计显示,MMF 的平均杠杆价值低于传统银行 10 倍,并且因流动性错配出现负的杠杆价值,这意味着系统风险的增加。相比较之下,欧洲传统银行体系所显示的期限错配发生了反作用力,使得英国的 MMF 在金融大萧条期间降低了而不是提高了系统风险。但是在大萧条前后的整个时段内还是提高了平均系统性风险。

在传统银行体系中,中介只是一个单一的机构媒介于存款者和贷款者之间,通过吸收存款和发放贷款,进行流动性转换。这种信用转换功能是指中介可以通过索偿优先权的使用强化发行债务的信用质量。例如,资产负债表的表内和表外业务遵循正式的直接或间接的信用增级原则(official credit enhancements),该原则适用于由政府支持企业担保而发行的债务,资本要求须符合会计准则。其中,包含银行附属对冲基金和货币市场共同基金(money market mutual funds,MMMFs),以及保管银行的证券借贷活动。而影子信用中介例如保险公司、养老金基金和特定资产管理公司所经营的证券借贷活动脱离上述原则,而通过间接或隐蔽的方式增级,有些甚至事先不通过任何正式担保机构增级。这类信用中介经营的产品包括资产担保商业票据(Asset - backed commercial paper,ABCP)、资产担保证券(Asset - backed securities,ABS)——其特殊形式是债务抵押债券(collateralized debt obligation,CDO)、三方回购协议(Tri - party Repo)和货币市场基金(Money Market Funds)等,无一例外都涉足资产的证券化过程。影子银行存在的主要原因在于总货币供给量结构的创新;资本、税收和会计套利和金融市场的其他代理问题(Adrian 和 Ashcraft,2012)③。这些影子信用机构在 2007—2009 年危机期间普遍沦陷,其脆弱性充分暴露。

尽管如此,影子银行不会消失,且已经变成了现代金融体系的一部分。

---

① Pozsar and Singh(2011). The Non - Bank - Bank Nexus and the Shadow Banking System. IMF working paper,December 2011.

② Pellegrini,et al.(2017). Money market funds,shadow banking and systemic risk in United Kingdom. Finance Research Letters 21(2017)163 – 171.

③ Adrian 和 Ashcraft(2012). Shadow Banking:A Review of the Literature,Federal Reserve Bank of New York Staff Reports,No. 580,October 2012.

影子银行的问题所在并不足以否定影子银行在支撑实体经济发展中所扮演的重要角色，即为市场参与者提供可供选择的资金和流动性。有些非银行机构在借款人风险评估领域独占鳌头，刺激了信用分配的竞争。无须讳言，影子银行对金融体系意味着一定程度的风险，诸如流动性传递中产生的杠杆风险，其高杠杆特征放大市场风险，在市场动荡时极易发生挤兑，甚至对正式监管下的银行体系产生溢出效应。影子银行惯常避开监管提升杠杆，对银行体系的稳定构成威胁。影子银行的不透明也会危及投资者的利益，增加信用风险。

基于这种潜在和实际的威胁，一些国家和国际金融机构将监管影子银行作为重要的监管内容之一。

美国 2010 年的《多德—弗兰克法案》被认为是自 1930 年大萧条以来最全面的一项金融监管改革法案，旨在限制系统性风险。该法案的核心是扩大监管机构权力，破除金融机构"大而不能倒"（Too big to fail）的神话，采纳《沃克尔规则》，即限制大金融机构的投机性交易，全面保护消费者合法权益。法案内容涉及对衍生品市场的监管和资产证券化风险留存等。但并未明确对影子银行的具体监管条例，也没有直接使用"影子银行"一词，而是构建了识别引发系统性风险的非银行机构和活动的程序。

对于影子银行强化监管的议题在 2011 年走入 G20 峰会的视野，在此之前 FSB 已提出初步的监管方案，G20 峰会支持 FSB 最初引荐的监管设想，并就此达成相关协议，着手准备 2012 年有关影子银行监管进展的报告，以备财长和央行行长们讨论。同时，FSB 承诺通过常设委员会的自愿评估机制（Standing Committee on Assessment of Vulnerabilities，SCAV）形成年度影子银行体系监控报告。至今，FSB 已发布 7 年的年度监控报告，并针对成员国影子银行监管的状况提出相应的政策建议。

FSB 所关注的影子银行活动包括正式银行与影子银行的交互作用、货币市场基金、证券化业务和证券借贷及回购。在这些涉及影子银行的金融活动中，与金融稳定相关联的问题主要在于缺乏透明度，体系杠杆的顺周期，估价和抵押品重复使用的互联性，抵押资产减价出售所引起的风险，证券借贷行为引起的潜在风险，影子银行通过现金抵押再投资以及抵押品管理和价值评估不严谨等。

2018 年发布的 FSB《全球影子银行监控报告》首次将中国对非银行金融

实体的划分纳入 FSB 有关影子银行的狭义测度内容①。

FSB 旨在评估影子银行活动与金融稳定相关性的监控报告，多年来一直追踪着 2007—2009 年全球金融危机之后各国央行的政策和监管行动，以便观察这些政策和监管行为是否足以识别并控制影子银行所携带的风险。2018 年全球影子银行监控报告②显示，一向被关注的那些冲击金融稳定的影子银行活动已不再构成威胁，监管改革减弱了诸如货币市场基金和回购协议证券所显示的脆弱性。但是，某些投资基金所持有的资产流动性转换风险增加，突出了实施和有效操作监控报告政策建议的重要性，尤其是针对结构性缺陷更是如此。

FSB 特别提醒，影子银行有可能出现新的风险点，从而负向影响金融稳定性，及时识别和治理风险点，各国监管当局重任在肩。近期监控的重点指向四个方面：（1）增强对影子银行整个系统的监管，通过实施 2015—2016 年同行审议时所提出的建议而识别风险。（2）提倡监管部门确定和完善有关部门资产负债表的统计数据，以免与一般的长短期资产负债项目混淆。分清银行与非银行以及银行与非银行部门的界限和互联性。（3）监管当局应增补现金流量数据，必要时采用监管统计数据或商用公司数据评估风险。（4）尽管当局应密切监控有可能快速出现的金融稳定风险，并与他国分享信息和数据。只有及时识别和分析潜在的金融稳定风险，决策才可能具有前瞻性。

中国的金融体系还不是很发达，影子银行体系发展的规模扩充很快，对金融体系的稳定性和公信力有潜在的负面影响，据不完全统计，中国由影子银行构成的资产大约 25 万亿~30 万亿元，占 GDP 的 40%。（Lu，et al.，2015）。③其中包含人民币贷款、外币贷款、委托贷款、信托贷款与无折扣的银行承兑汇票和公司债券。传统意义上的商业银行高度介入，影子银行业务往往绕开监管，投向高风险行业。尤其是房地产和地方融资平台这样的通道，更是吸引影子银行趋之若鹜的主要流向。这些活动隐含着更大的金融风险，应置于央行和监管部门严密的监控之下。

---

① 非银行金融机构包括经银监会批准设立的金融资产管理公司、企业集团财务公司、金融租赁公司、汽车金融公司、货币经纪公司、消费金融公司、境外非银行金融机构驻华代表处等机构。参见《中国银监会非银行金融机构行政许可事项实施办法》。

② FSB（2018）．Global Shadow Banking Monitoring Report. March 2018.

③ Lu，et al．（2015）．Shadow banking and firm financing in China. International Review of Economics and Finance 36（2015）40－53.

影子银行的孪生物：脱媒

金融创新中的证券化趋势使得信贷流量从银行放款转为可上市买卖的债券，而商业银行既是新证券发行的安排者和管理者，而且也是新证券的主要发行者和认购者，这意味着银行系统的非中介化或脱媒化（disintermediation）。由于银行资产负债表受到当局的限制，尤其是要求提高资本比例的压力很大，使得银行为表外业务所吸引，表外业务提供了一种提高资产收益率的渠道，同时也提供了一条不必扩大资产负债规模就能防范利率风险的途径。

如果存款人可以从投资基金和证券寻求更高回报的机会，而公司借款人可通过向机构投资者出售债券获得低成本的资金，就会削弱银行的金融中介作用。

首先，直接融资的增加和间接融资的减少导致了银行等传统金融中介作用的削弱即脱媒现象。企业和政府越来越倾向于直接发行短期债券（如国库券和商业票据）和长期债券（如权益资本、债券）来募集资金，而存款者在流动性和收益性之间作取舍的最终结果是将银行存款换成互助基金股份。虽然大多数互助基金是银行的下属机构，资产只不过从银行的资产负债表上转移到了互助基金的资产负债表上。但是，随着市场化的深化，银行贷款、债券和票据之间的替代性的增强，贷款利率和市场利率将呈融合之势，这毫无疑问将减少银行作为"中介人"的收益。银行本身也在证券市场上发行和购买债券，这加强了其在证券市场上既是投资人又是借款人的作用。银行通过将联合贷款、资产交易、贷款掉期和抵押组合等贷款转换为债券，或通过发行债券募集资金，使银行的资产负债更加市场化。这将导致银行的资产和负债收入对利率变动更加敏感，但银行资产的平均收益和资金来源的平均成本会出现平行的变化，从而使银行的收益对利率的依赖性降低。

其次，银行业表外业务的重要性凸显。衍生金融产品，如买卖选择权、期货、远期汇率合同、利率和货币掉期业务等的丰富和发展，促进了资产负债表外业务的发展，对于银行分散风险稳健经营起到了重要的作用。虽然发生过巴林银行因金融衍生交易不慎而倒闭的事件，但金融衍生交易要对金融危机负责的说法缺乏证据。由于表外业务不规范和缺乏统一的监管标准，再加上它在银行收益中所占的比例较大和不易确定，其监管的难度加大。

最后，金融创新导致了银行业和证券业之间界限模糊，金融机构之间的竞争加剧。银行正向非专业化发展，在美国、欧共体国家这一点表现得尤为明显。过去银行一直承担信用创造的任务,现在,银行已得到许可,在一些国家也得到法律的确认,加入证券市场成员组织,参与证券发行和交易业务。此外,银行还将其业务的触角延伸到了保险等其他金融业务领域,他们的贷款也已拓展到家庭财产抵押贷款、消费信贷、租赁和代理融通资金等"禁区"。与此相对应,投资银行和保险公司等金融机构也获得了向传统银行业务进军的许可。随着全能外国银行的进入,一国原来的专业化和传统的市场分割逐渐解体,混业经营已成大势所趋。近四十年来,金融创新和金融自由化使各国的金融市场发生了巨大的变化。世界主要金融中心的变革动态在不同程度上影响欧盟地区、新兴市场经济乃至其他国家的国内金融体系。证券业务的发展削弱了银行传统的储蓄和贷款业务。新的金融手段的迅速传播(大多数是表外业务)打破了商业银行和投资银行之间传统的"两分法",金融机构已逐渐由分业走向了混业,竞争加剧,市场交易量也成倍增长。

金融中介经营活动最重要的变化在于其在风险管理中所扮演的角色。风险管理成为主要金融中介的核心业务。金融市场的拓宽并没有吸引很多个人或公司进行风险的自我管理,与其说金融中介的客户具有交易和管理风险的诉求,倒不如说风险管理成就了金融业尤其是银行的角色转变。

然而,资产证券化通过引入更多投资者分散信贷风险,使风险更加集中于金融部门。如果证券化加长了金融链,则风险更集中于中介部门,同时对金融稳定具有破坏性(Shin,2009)[①]。那么,如何通过反周期资本需求和准备金的提取来减缓负面影响,缩短链条,减少到期日过于频繁的转换?这些问题的提出呼唤着监管当局的规则。

虚拟银行的蔓延

虚拟银行也称网络银行,是金融创新和科技创新相结合的产物,是一种新的银行产业组织形式和组织制度。

近20年来,互联网金融和电子商务几乎全面覆盖了大众的生活。银行所卷入的电子商务与其他部门有相同的渊源,新的通信渠道和设备,加上自动体系,客户只要拥有账号和密码便可以在世界各地联网,进入网络银行处理个人交易。在网络银行中,客户除了能办理储蓄、转账等简单业务和信用卡、

---

① Hyun Song Shin, Financial Intermediation and the Post – Crisis Financial System, in the 8th BIS Annual Conference, June 25 – 26, 2009.

证券交易、保险、付款申请和跟踪收支等复杂业务以外，还可以查询各种银行信息及根据实时数据进行现金分析和财务状况分析，在不受干扰的情况下做24小时浏览。网络银行的实质是为各种通过Internet进行商务活动的客户提供电子结算手段。网络银行提供了前所未有的金融产品，几乎涵盖了金融业所有的经营活动。

1995年10月全球第一家网络银行（Internet Bank），美国第一安全网络银行——Security First Network Bank（SFNB）开业，给国际金融界带来了极大的震撼。网络银行提供的服务超越时间和地域的限制，被称为AAA级服务，即任何时间（Anytime）、任何地点（Anywhere）、任何方式（Anyhow）的服务。于是，越来越多的银行紧随其后，在网络上开设银行，逐渐蔓延全世界。

随着金融行业竞争的加剧，使得银行不得不重新审视自身的服务方式。ATM机、无人银行等电子化的方式降低了网络建设的人力成本，而网络银行的出现则为银行提供了新的扩张途径。银行只要进入网络就可以轻松拥有国际化的市场。在电子商务时代，银行的竞争优势，从过去的资本大小和网点规模转向了先进的科技。

随着技术过程、技术分析、大规模数据资料传输等仍在超常发展，电子商务也在急速增加。最终会对很多市场的结构和效率产生深远和积极的影响。一方面，渐进式创新引致知识管理地位的强化，改善了现有产品和服务；另一方面，激进式创新更新了银行的角色（Apak，et al.，2012）[①]。在知识时代，企业充分意识到成功的秘诀在于了解现代战略管理技术。网络银行之所以在世界各国具有如此大的吸引力，就在于它可以增进银行与客户双方的利益。不仅在于客户支付的便利，而且可以降低银行的经营成本，提高利润。

电子金融的发展将会出现效率更高的金融中介。在从"实体银行"向"虚拟银行"的转变过程中，银行的利润重心和营销方式也发生了变化。传统银行依靠以存贷款业务为主的资产负债管理获得利润，而网络银行则更多地依靠便捷的服务吸引客户，把利润点更多地转向了中间业务。由于不需要大量有形的网点，网络银行大大减少了员工工资的开支，也不用支付网点建设和维护的费用，使银行的运营成本大大降低。而随着因特网和电子商务的普

---

① Apak，et al.（2012）. Insights From Knowledge Management to Radical Innovation："Internet Banking Applications in the European Union" Procedia – Social and Behavioral Sciences Volume 41，2012，PP. 45 – 50.

及,银行的客户则在不断地增加。信息成本的下降将会减少不确定性。新的金融工具和风险管理技术也会减少收益中用于承担风险的比率,从而减轻金融机构的负担,提高效率。这种效率还取决于账户划拨的难易度。在西方国家,以前人们喜欢开玩笑说,换合作伙伴比换银行户头还频繁。在数字化世界里这话已经过时了。在网上银行开户比换肥皂粉的品牌都来得容易。此外,一旦银行客户用鼠标就可过户,银行账户资金周转率便会大大提高。

网络银行的兴起无疑是对传统银行的挑战,它将成为银行最便利的服务手段。网络无所不在,客户只要拥有账号和密码便能在世界各地触网,处理个人交易。这不仅方便客户,银行本身也可因此加强与客户的亲和性。

在新的交易体系发展的同时,出现了银行产品标准化和自动化的过程。在这一环境中,银行继续尝试新技术和新服务的经营模式。在不确定性和激烈竞争中加快创新。由于电子商务迅速变化的特征,这些创新毫无疑问会改变传统银行的定义。

电子银行通过电脑终端与客户联系,与传统的面对面的服务银行不同。由于互联网银行业务提供的利息比普通银行的利息高,贷款利息又比普通银行低,电子银行减少了人员费用和办公费用的开支,因此银行所提供的价格占有绝对优势,网络银行会越来越受到大家的青睐。

网络银行给金融客户提供获取信息的便捷条件对客户投资决策至关重要,这是网络世界以外的银行所无法比拟的。就目前来看,一些经验丰富的客户浏览的网站是在某些特定的范围里,典型的金融客户还要在不同的金融产品和服务之间不断地做比较。这也会促使网络银行间的竞争。可以说,网络带动了全新的线上金融中介,给不同的供给方的产品和价格提供了一个可以比较的平台。

很显然,大银行成了网络银行革命的开拓者。在开拓网上金融超市的同时,各方都为争夺本土市场以外的市场占有率发动了富有侵略性的攻势。网络银行能否对客户提供信用充分的网络金融产品和相关服务的创新,将是网络世界胜负的决定性因素。

互联网的出现和发展已经带来许多利用互联网提供金融服务的创新。银行业的电子化伴随着电子革命的发展而发展,而它的最新发展阶段正是网络银行时代。如果问什么是廉价的技术,那么应该是网络无疑。而要寻求成本更低、效率更高的支付方式和多样化方便快捷的服务,通过什么方式可以做到,那么回答也应该是肯定的,即网络银行。

Saskia 和 Ewijka（2011）① 以美国网络银行 ING DIRECT 为例观察网络银行的专营模式（pure - play internet banking model，PPI）的生存特征。作为一种混合的商业模式结合了关系银行和交易银行二者特征的网络银行，有着低成本和易扩展的优势，可迅速获得市场占有率。易扩展特性（scalability）喜忧参半。一方面，在快速吸收存款的同时，对资金的运用不甚明朗。例如，平衡表上资产负债的扩展性差别是 ING DIRECT 的管理核心问题。最终将过剩资金投向准优级抵押证券（Alt - A mortgage - backed securities）。当宏观环境发生逆转时，这样的资产负债结构就会暴露在风险之中。另一方面，纯粹的网络银行缺少能够支撑存款人信心的实体，更加依赖政府存款担保这类的保护伞。尤其是对 ING DIRECT 这样的跨国网络银行而言，各国存款保险制度和法律结构皆有差别，需要管理者在不同市场上游刃有余，以维护自身的形象和声誉。此外，网络银行的客户对利率异常敏感，因此，吸收存款的稳定性很难保证。基于易扩展这种特性，网络银行也较容易涉足风险市场。当信用危机发生时，网络银行的生存能力受到质疑。网络银行缺乏公众所需要的"软信息"（soft information），因而它们提供给客户的信息应受到监控。

从长期而言，电子银行将会变成更有效的金融中介。信息成本的降低会减少不确定性，而不确定性正是引起金融危机的重要因素。新的金融工具和风险管理技术会增强银行业承受风险的能力，从而提高收益率。然而，网络银行的快速发展对金融机构、金融市场和决策者同样是一项新的挑战。决策者必须不断地重新评价管理体系的有效性，对网络银行发展所给予金融机构和市场带来的变化做出迅速的反应。

金融增长的新基石

10 年前的次贷危机也引发了新一轮金融创新利弊的争议。有些学者关注金融创新的光明面，力主创新提高银行服务多元化和服务质量，便利风险分担以及改善资源分配效率，此被称为"创新—增长观"；与之相对的是"创新—脆弱观"，即金融创新的阴暗面，更被确认为 2007 年金融危机之源，即以前所未有的信用扩张构筑了貌似安全的证券结构同时却暴露了被忽略的风险，

---

① Saskia 和 Ewijka（2011）. Can pure play internet banking survive the credit crisis? Journal of Banking & Finance，Volume 35，Issue 4，April 2011，PP，783 - 793.

激发银行经营结构性产品，误导金融市场的投资者，培植了房产市场的兴旺和继之而起的萧条。Beck, et al. (2016)[1]运用1996—2010年的32国数据评估了金融创新与银行扩张及脆弱性，以及金融创新与经济增长两个方面的关联。无论是广义的或是狭义的金融创新都显著推进了银行的扩张并加大了银行的脆弱性。一方面，金融创新鼓励了银行进取的冒险行为，为家庭和企业提供风险多元化的服务，提高资金分配效率，促进经济增长；另一方面，承担风险的增加强化了银行的利润波动和脆弱性，在2007年的危机中普遍境况恶化。因此，金融创新是一把双刃剑，而创新和监管也是紧密相关的。

金融创新需要自由竞争的土壤，同时又需要对金融创新施以管理，从而矫正由于外部性、信息不对称、道德风险和逆向选择等多重因素可能带来的市场失败。对金融创新的管理是合乎逻辑的，只是不适当或不慎重的管理会妨碍创新。因此，管理就是在保护公众利益的同时也要确保不会窒息创新或减少创新的潜在附加价值。过度创新所导致的危机并不能归罪于创新本身，而在于监管缺位，换言之，缺少的是可靠的创新和管理。

金融市场对于创新与管理的意义不同于其他市场。（1）它不可能自我调整，当价格矫正前，金融泡沫已集聚到一个危险点，爆裂后果惨重。（2）具有独特性的金融企业高度杠杆化和相互关联，单个环节的问题即可产生连锁反应和传染效应。（3）金融市场典型的特征是顺周期性和群体行为，即合成谬误。如果所有银行遵循同样的模式，那么健全金融机构的一个集合并不必然成就一个健康的金融体系。（4）预期往往会影响实际场景的发生。鉴于金融部门的这种特殊性，需要更加谨慎地在金融安全与稳定管理和鼓励创新之间寻求平衡（Subbarao, 2013）。[2]

金融创新的动机在很大程度上是规避、消除或分担风险的。而且，得到鼓励的好的金融创新产品应该是那些能够增加实体经济部门的附加价值的。如果无限制的过度滥用金融创新工具或方法误导金融产品的消费者，就会蕴

---

[1] Beck, et al. (2016). Financial innovation: The bright and the dark sides. Journal of Banking & Finance, Volume 72, November 2016, PP. 28–51.

[2] Duvvuri Subbarao (2013). Responsible innovation and regulation in the financial sector. by Dr Duvvuri Subbarao, the Governor of the Reserve Bank of India, Keynote address at the IDRBT (Institute for Development and Reasearch in Banking Technology) Banking Technology Excellence Awards Function, Hyderabad, 2 August 2013.

藏更大的风险而走向反面。次贷危机的发生是一个佐证。

对金融创新产品与服务的监督是监管当局所面临的另一项挑战。决策者不可能对整个金融创新的发展过程有先见之明，但是应该也可以为这一发展过程提供便利，并对它可能带来的风险予以警示和管理。

第 8 章　金融科技的迷思

金融科技对于融合无缝实时支付、分布式电子商务系统、复杂的客户目标以及更精确的信用评级这些特征所表现的潜力是巨大的。这一过程的完成将预示着全新的金融体系，并产生更多的就业机会。这需要依靠私人部门的智慧，而官方的责任是在支持科技创新的同时监管与金融稳定相关的风险。①

——卡尼

金融科技（FinTech）是在 2008 年金融危机以后才出现的。FinTech 作为金融与信息技术融合的生态系统，其中的区块链技术给许多传统银行业带来革命性的变化，可通过低成本在本国和全球范围内进行更安全的资金转移和货币互换。FinTech 可以引入多样化的技术和有弹性的体系减少系统风险，成为同一个价值链中新的竞争对手。它的另一面是，某些创新增加了系统的互联性和复杂性，引发更大的"羊群行为"和流动性风险和更密集的操作风险，也会出现更多的监管套利机会，从而产生系统风险。这些风险的出现期待监管当局在管理视界中更大密度地聚焦于关键点，设置动态的审慎监管要求。

FinTech 大爆炸

风生水起的金融科技所显示的膨胀空间和未来视界用大爆炸来形容毫不为过。无论是 1986 年伦敦金融城发生的以金融服务自由化为核心的英版金融大爆炸（financial big bang），还是 1998 年东京启动金融自由化的日版金融大爆炸，都不及当下的这场金融科技大爆炸来得猛烈。与金融大爆炸显著不同的是，这场金融科技的革命并非政府主导的，而是由科技与金融创新的诸多奇点共同汇聚而自发产生的。

---

① Mark Carney（2017）. The Promise of FinTech – Something New Under the Sun? Governor of the Bank of England Chair of the Financial Stability Board. Speech Deutsche Bundesbank G20 conference on "Digitising finance, financial inclusion and financial literacy", Wiesbaden, 25 January 2017.

　　金融科技（Financial Technology，FinTech）目前在全球已成为一个超高频使用的商业术语，与它相关联的含义，包括以客户为中心、数据驱动、信息引领、技术赋能、持续的普惠、生态的重构等。显然，持续的颠覆性创新使其变得光彩夺目。FinTech 是金融和信息技术的融合型产业。科技类初创企业及金融行业新进入者利用各类科技手段对传统金融行业所提供的产品及服务进行革新，提升金融服务效率，因此可以认为 FinTech 是从外向内升级金融服务行业，广泛应用于支付、清算、借贷融资等金融领域。

　　与"互联网金融"相比，FinTech 是范围更大的概念。其应用的技术不仅仅是互联网/移动互联网，大数据、智能数据分析、人工智能、区块链的前沿技术等均是 FinTech 的应用基础。以数据和技术为驱动力的 FinTech 要求多维度和大规模的数据，且来源安全可靠，依托数据来进行产品针对性的开发；FinTech 普遍采用互联网商业平台模式，借助强大的网络效应可自动实现用户和资源的匹配，高效便捷。伦敦金融城 2017 年 10 月发布的"Value of Fin-Tech"报告称，FinTech 在提升与拓展已有的金融服务方面的作用包含以下几点。一是改善金融普惠。通过加强基础设施、新产品创新、降低成本使得过去被传统金融体系排除在外的客户能获得服务，并使他们能够与其他客户享受相同的服务标准。二是加强客户体验。依托新技术，能够分析客户数据来提供个性化的服务，并通过多种渠道提供更多互动性的交流，这大大提高了客户的参与、体验和效用。三是增加透明度。FinTech 能够汇聚产品、服务和数据，提供产品和服务的选项、覆盖和定价。四是促进安全和合规。同时使用数据分析和其他技术，提供了更安全可行的解决方案，减轻风险，并使合规流程简单化。五是提供支持和指导。类似 AI 和数据分析的技术，能以更低成本为客户提供量身定制的支持和指导。另据《2018 年世界银行全球金融发展报告》的不完全统计，2015 年，涉足 FinTech 业务的公司至少有 4000 家，其中，多家这类的公司资产价值超过 10 亿美元。

　　Gai, et al.（2018）[①] 从 FinTech 的资料数据导向、硬件设备与基础设施、应用设计与管理、服务模式配置和隐私安全保护等五个技术层面展开调研，结果表明，就金融服务业而言，FinTech 应用的核心是数据与安全，并在金融服务业的价值链中成为关键的一环。在 FinTech 迅速发展的同时，用户数据和

[①]　Gai, et al.（2018）. A survey on FinTech. Journal of Network and Computer Applications. 103（2018）262－273.

交易数据形成一个庞大的数据库，金融风险变得更加隐蔽和复杂，信息科技风险和操纵风险更加突出。

FinTech 的许多产品是在 2008 年以后才出现的。FinTech 作为金融与信息技术融合的生态系统，其中的区块链技术给许多传统银行业带来革命性的变化，可通过低成本在本国和全球范围内进行更安全的资金转移和货币互换。FinTech 的破坏性创新也会在相应的市场上自我放大（Lee 和 Shin，2018）[①]。对于这些创新产品尤其需要关注其流动性风险和利率风险及其管理，因为借贷环境今非昔比。资本要求、反洗钱和隐私安全问题是管理 FinTech 的重点。这些管理要求对传统银行业和 FinTech 的影响取决于它们所提供的金融服务。

促使 FinTech 爆发性增长的因素是多重的。首先，2008 年国际金融危机后，发达国家消费者对金融机构的信任下降，各国都加强了监管。发展中国家和新兴国家金融的抑制比较突出。其次，从需求侧来说，金融服务的消费者变成了使用者，从被动地接受到主动要求金融的服务；从接受大众化产品和服务到开始要求定制的个性化的金融服务；从过去可延缓获得服务到要求即时获得；从过去接受呆板的服务到要求更便捷灵活的服务。这批消费者就成了对金融服务要求的趋势性代表力量。高的金融需求催生了金融的数字化转型，催生了 FinTech 这样一个新的行业。最后，从供给侧而言，从渠道、决策、风控、管理等所有环节都应用了新的数字技术，其间产生了一个长尾市场，如基于电商的 FinTech 和基于社交网络的 FinTech，再如基于阿里的蚂蚁金服与基于腾讯微信的网上银行等，进而产生了新的商业模式和新的组织形式，出现了很多新的创新企业，因此，FinTech 实际上又是指一种新的公司、一种新的业态和一个新的市场。

FinTech 与金融包容性

FinTech 所具有的特性和生态系统对于实现金融的包容性而言可谓天赐良机。无论是中国还是全世界，都可以从 Fintech 与金融包容性的相互促进中受益。

金融的包容性（Financial Inclusion）也称普惠金融。早在 2009 年 9 月美国匹斯堡 20 国集团（G20）峰会上，财长会议就普惠金融的重要性达成共识

---

① In Lee and Yong Jae Shin（2018）. Fintech：Ecosystem, business models, investment decisions, and challenges. Business Horizons. 2018，61：35 – 46.

并作出承诺，为"穷忙族"（贫困人口）提供金融服务。为达到这个目标建立了普惠金融专家组（FIEG），下设两个小组负责集中革新提供金融服务的交付方式和改善中小企业的融资条件。2010年韩国首尔G20峰会上将普惠金融作为发展议程的一个专题，对服务水平低下或服务缺失的地区提供金融服务的范围、质量和有效性进行讨论。这次会议定义普惠金融为"一个国家所有适龄工作者可以得到的一整套优质金融服务，并且是以可承受的价格和一种方便的方式以及在维护顾客尊严的环境下提供的服务（Accion International 2009a）"。①

尽管各国还处在全球金融危机的阴影下，G20首尔峰会召集全球的合作伙伴，将所有利益相关者汇聚到普惠金融的旗帜之下，意义非凡。G20目标的实施重在政策、金融基础设施、交付机制、产品、可靠的融资及数据。20国集团独特的地位，可以集结普惠金融的所有动力——金融服务业，各国政府，国际社会的发展机构和知识共享中心——与政治家和决策者相互配合实施既定目标。

普惠金融被引证为稳定、公平增长和减贫的重要组成部分。普惠金融意味着每个人在需要金融服务时，都能够以合理的成本，获得由健全的多样化金融机构所提供的各种服务。根据当时世界银行的统计，发展中国家大约三分之二的成年人（27亿）缺乏基本的正规金融服务。中小企业（SMEs）是提供就业机会和增长的发动机，但也存在着同样的融资缺口。

普惠金融与FinTech创新可相互提供便利。尤其是在发展中国家中，创新通常由企业界和中小企业主导（SMEs），这类群体对安全储蓄有非常迫切的需要。一个内涵丰富的金融体系不仅能够提供信用，而且应该使消费者在更大的范围内获取适当的金融服务，这是释放巨大的增长潜力的核心条件之一。同时，通过FinTech的融资渠道和支付方式的创新，普惠金融可以促进现有资产的充分利用。对一些发展中国家来说，稳定增长所需要的并不是更多的资本，可持续经济增长的潜力在于健全强有力的法律和监管架构，充分利用现有资产为新项目融资，开辟更多的融资渠道，使得现有资本更快更有效地流转起来。最后，普惠金融为严格的金融管理提供平衡力，在收紧金融管理之时坚守普惠金融的目标是至关重要的。而这一切都可以在充分利用FinTech的

---

①　The World Bank（2010）. Postcrisis Growth and Development: A Development Agenda for the G - 20 in 2010.

创新来实现。由此，整个金融体系可以在两种需要之间实现平衡，即金融体系更稳定的运行与更大的融资可及性。

实际上，普惠金融的倡导建立在对金融危机反思的基础上，出于对金融消费者的保护的考虑。危机前金融业肆无忌惮的商业行为如掠夺性的贷款、产品信息误导和欺诈催生了危机，缺乏适当的监管和对消费者的保护，尤其当系统失灵时并未通过适当的市场纪律来约束市场效力。消费者中的弱势群体甚至在相对受过教育和"精明"的群体中，融资能力有限。许多客户对信用条件一无所知，常常深陷负债的泥沼。金融危机实际上也是对微型金融市场潜在的过热现象的一次预警。

微型金融的供应商今非昔比，它们已经成为国际金融市场不可分割的一部分，微型金融业对于宏观经济危机的弹性经受了全球经济深度衰退的考验。如前所述，2008 年的金融危机对发达国家和发展中国家的影响有所不同，前者经济收缩了 3.5%，而发展中国家对危机的冲击力反而比较强，部分是由于发展中国家与国际金融市场有限的一体化程度。金融危机有助于暴露有关可持续发展和微型金融业正常运行的其他一些重要问题，包括动员国内储蓄和可靠的融资实践活动。

按照产品和交付创新的角度来看，微型金融也许是经历了最快发展的负有社会责任的企业。新产品和服务不断涌现推进了普惠金融，其运行突破了单一信用的边界，增强了金融服务和综合性普惠金融之间的联系，通过提供消费者保护和提高融资能力，引领贫困者跨入金融领域。移动通信技术为银行提供服务的交付渠道带来了前所未有的便利。无分支机构的银行成为可能，替代了传统的银行分支机构更多地采用信息与通信技术交付金融服务。

FinTech 发展的加速度超乎首尔峰会上 G20 普惠金融联盟（AFI）的想象和预料，当时所期待的普惠目标已经实现或正在实现。

专栏 6　FinTech 助力信用中国和普惠金融案例

宜信成立已经近 12 年，坚守和见证了"人人有信用，信用有价值"的理念，在很多方面推动了诚信中国的实现，关键在于抓住了金融普惠与科技发展的机会。

　　创业之初，国际上较早已经出现的"小微""普惠金融"这样的概念刚刚引入国内，许多人并不理解为什么要将公司的一条业务线称为"普惠金融"。当时的社会信用体系建设也还处于早期。但是，宜信公司却将自身的使命定位于"宜人宜己，信用中国"。坚信中国社会、中国经济、中国金融体系一定是基于信用的，而且这种信用是有价值的。只是这种价值在当时还没有充分释放。"人人有信用，信用有价值"从确立至今，一直是宜信始终为之兴奋、为之努力的目标。

　　为了实现这样的目标，最重要的事情就是利用个人对个人的模式，推动小微、普惠金融，包括宜农贷等模式的创新和相关的技术创新，用这种方式去帮助那些未被传统金融体系所覆盖的人群，去建立信用、获取资金。宜信公司通过模式创新、技术创新推动普惠金融在中国发展的历程已经被列入哈佛商学院的案例分析库中。

　　宜信公司对技术变革非常敏感，同时也有能力了解最前沿的技术在哪里、被谁拥有、如何获取它们，并把这些技术用到创新实践之中，从而让金融变得更加高效、更加便利、更加可触及。一个标志性事件就是宜人贷创新的历程。2011年、2012年移动互联时代的到来改变了各行各业，甚至颠覆了一些在互联网时代非常领先的机构。宜信公司当时有一个预见，即移动互联的到来，可帮助公司更好地获取数据、更好地服务客户、更好地把握风险，也可以使得客户包括借款人和理财者更好地获取金融服务。基于这样的认识，宜信公司不断推动组织的重塑，把最前沿的科技人才和数年中所积累的对中国信用人群的相关数据以及风控服务体系结合起来，用新的方式去分析和评估，从而更好地服务客户，这种便利度和之前是完全不同的。这成为哈佛商学院第二个案例的立意点，即宜人贷的创新。

　　小微融资不仅仅在中国，在国际上都是非常普遍的难题。在这方面，宜信公司的商通贷、翼启云服面向中小微群体开展服务。商通贷是面向电商群体、数据平台。电商群体包括亚马逊、e-Bay等，在这个平台之上，有许多电商留下了运营数据、交易数据，通过与这些电商平台合作可以获取相关数据。基于这样的数据可以实时地生成信用判断、促成资金获取，从而帮助这些电商抓住时效性非常强的、转瞬即逝的机会，这也是完全不同的体验。翼启云服更多的是从供应链金融角度切入，利用区块链技术，能够很快让上下游交易的信息上链，不可篡改，交易真实。包括跟"每日优鲜"这样的企业进行全产业链的合作,宜信公司帮助合作企业管理整个现金的流转,增强它们财务管理、现金管理的能力。由此可见,通过 FinTech 的方式,宜信可以对小微企业提供在国际上都比较领先的体验和融资服务。

针对农村以及精准扶贫宜信公司的具体做法是利用 FinTech 支持农户。一个是"宜农贷"。这是一个运营了近九年的"造血型扶贫"的公益金融平台。在这个平台上,城市爱心人士可以按照最低一份 100 元的额度借给农村主要是女性企业家创业者进行种植养殖项目。一般的项目也就三五千元,后来更多的人加入,项目也有了 1 万元的额度,但都是针对小额的种植养殖的需求。这是一种造血型的扶贫,而不是传统意义上的捐助。"宜农贷"的特点在互联网上一目了然,同时这些产品都可以体验。另一个是运用小微租赁解决农户的痛点。宜信公司发明的小微租赁可以帮助农户租用农机具进行自动化作业,可以提升效率,不仅仅帮助自己,也可以帮助别人,甚至也可以作为一种创业创收的方式对接农村合作社,也就是说,可以让一个集约化的组织更好地开展业务。农机具租赁包括拖拉机、烘干塔、收割机,价格有十几万元、几十万元、一百万元左右不等。但是这一百万元左右的农机具必须用创新的金融方式去满足,否则农户和农村合作社无力负担。公司以租赁的方式将这些农机具租给用户,这种方式大幅提升了农户和农村合作社的工作效率。宜信公司在这项业务中对科技的运用保持了较高的敏感度,包括在农机具上安装了传感器,可俘获有关使用情况和路线的信息。利用类似物联网技术,结合金融创新运用小微租赁的模式,宜信公司在农村开创了一片新天地。

在人们的印象中,宜信的主业是财富管理,《亚洲货币》《亚洲银行家》杂志评选宜信财富为"中国最佳财富管理机构",而宜信将服务小微、精准扶贫与财富管理成功地结合在一起,使得这些业务环环相扣。最初,宜信对理财者提供的是一种理财方式,即用小额分散的方式借给很多借款人,这是一种类固定收益的方式、网贷的方式。随着中国财富管理行业、资产管理行业正在经历的非常深刻的趋势性变化,宜信加大了从固定收益类业务到权益类业务的力度,从以往资产组合以固定收益为主以权益类为主。因此,未来的财富管理应该做好的是资产配置,这是基于客户资产建立的一个科学、合理、长效的资产组合,而且一定有一个资产配置的顶层设计。这是一个趋势性的变化。这些趋势性的变化说明,作为理财者,需要全新的资产和财富管理的理念。相对应的就是要有相应理念和行为的财富管理机构做他们长期可信赖的伙伴，以他们为中心，为其提供以资产配置为核心的财富管理服务。可以说，"以资产配置为核心的财富管理新时代已经到来"，抓住机会，就是在这些趋势性变化到来时，能够有相应财富管理的支撑，改变理财者的思维模式和行为，这是宜信财富发展和领先的根本动能，以及建立核心竞争力的逻辑。

　　孙芙蓉：《走向金融与科技相互赋能时代——访宜信创始人、总裁唐宁》，《中国金融》，2018（5）。

　　普惠金融的发展和进步在很大程度上要归功于 FinTech 中数字技术和移动技术的创新，对消费者需求和行为的更深入了解，以及与时俱进的监管政策。建立更稳固的金融基础设施，带来更可靠、更有信心的用户。所有这些都带来消费者对储蓄、信贷和保险等正规金融产品和服务的更多使用。例如，Visa 这样一家科技支付企业可以参与推动建立包容性支付体系的创新。利用全球网络，基于每个国家和市场的独特背景、风俗文化、经济情况和发展重点，因地制宜地提出多元化的解决方案。新兴的支付趋势与数字和移动金融服务生态系统的演变体现了二者之间越来越紧密的联系。

金融与科技：相互赋能

　　就发展的历史阶段而言，金融创新催生了 FinTech，而 FinTech 也在很大程度上促进了金融创新，二者互为因果。尽管 FinTech 的发展过程中出现了一些内在的矛盾，例如，科技公司从业者缺乏足够的耐心来容忍金融业的低速增长，无论如何，FinTech 所带来金融业的变革尤其是融资和支付体系的革命已经在路上，将加速推进金融创新。

　　科技与金融的结合产生了当今最令人振奋的 FinTech 行业。FinTech 与银行业务的融合，有利于社会信用体系的建设。运用大数据等方式补充或替代传统信用评级体系，从而向消费者和企业主提供可负担的贷款。

　　FinTech 应当以金融为根本、风控为根本，应当以客户未被满足或未被满足好的金融需求为出发点，这是一个巨大的创新。对客户那些未被满足和未被满足好的需求应该有洞察力，创新者的使命是带着问题去观察、去寻找前沿科技和新的模式来满足这些金融需求。这应当是创新的逻辑。科技须和金融需求接轨方才有效，否则纯粹所谓的流量、场景、快速迭代等，不过是一些互联网、科技领域流行的关键词而已。孤立地去评价这些关键词并没有什么意义。比如，金融跟电商有非常大的差异。电商很多是基于标准化程度很高的品牌商品，做到越便宜越好，物流越快越好，但金融是风险后置、回报后置的一项服务、一种"商品"。无论是 FinTech 人员自身的创新实践，还是整个行业，都一度走过一些弯路，对这个问题的理解不是非常到位是其中的原因之一。

未来 FinTech 的赢家应该有几个非常重要的特点：一是要有金融底蕴，要有金融经验和风控意识，还要有风控能力。二是这些 FinTech 赢家一定是对科技有极为敏锐的感知，有非常好的把握，能够与前沿科技有亲密接触，并且善于把技术创新和模式创新与金融需求很好地结合起来。三是在心态上应该有长线思维和长线行为，能够意识到金融是一场没有终点的长跑，是既有很强的商业价值，又有更大社会价值的事业，能够有相应的社会责任和社会担当，这项事业与金融风险的社会性、外溢性也会有直接的关系。

如果缺乏对金融属性和对科技的敏感，如果和金融不能密切结合，就无从判断哪些科技对金融发展和创新是有利的还是有害的。因此，在金融与科技相互赋能的时代，呼唤着具备双重属性的 FinTech 人才。硅谷一些科技人认为，他们最重要的事就是向金融人学习。这是因为他们意识到，即使自身拥有强大的科技能力，如果不基于金融底蕴，FinTech 就是无源之水、无本之木。FinTech 创新需要融合两类人的才能，即俗话说的"瞎子背瘸子"，让他们背负共同目标，彼此欣赏。彼此赋能则是基于彼此欣赏，就会有磨合之后的默契，合作方能相得益彰。FinTech 有很多整合创新，将不同的人才通过合作和管理有效地融合在一起，实现 $1+1>3$、$1+1>10$，这是 FinTech 创新很重要的管理逻辑。从这个意义上说，创新不必非得是一个新的发明，更多的是把不同的资源整合到一起，打造出创新的产品、创新的体验。

金融与科技融合的目的在于创新，而创新的核心驱动应当是客户的金融需求。以客户为中心进行创新，以客户未被满足的金融需求为出发点，利用先进的科技、创新的模式去解决问题。除此之外，不断重塑组织机构，激发出新的创新动力和能力。重塑的过程并不意味着抛弃过往，而是基于过去的优势和资源。同样的可能是，每隔几年 FinTech 所服务的客户群更大，或者会给既有的客户群提供更多的产品和服务，或者提供产品和服务的方式更多，或者产品和服务有一些优化，等等。无论如何，每个阶段建立起新的动量和能力是非常必要的。这种重塑一定是自发的、自主地去拥抱已经发生和即将到来的变化，而不是被动地等待竞争者、等待科技趋势、等待客户需求的变化来提醒自身的落后和改变的紧迫性。

特别值得注意的是，FinTech 之所以可以推动科技创新，一是它提供了应用的场景；二是它对高新技术反应特别敏感，需求特别紧迫；三是它对技术的要求是大规模和持续的；四是它有很强的定价能力与支付能力；五是它的价值链的长度与它影响的集群范围都是相当可观的；六是它对高端复合型人才的吸引力和保留率是很强的，这可以产生巨大的知识外溢和人才交流效应；七是它会积蓄和引发新的科技革命。FinTech 创新有如此多的互补优势，只要条件和场景具备，这一领域的发展将是突飞猛进的。

抢占桥头堡

FinTech 的发展日新月异，创意无限。能否在这个领域的国际市场上抢占先机，关系到银行与金融业的解构和重构，理应作为国家发展战略的一部分。FinTech 的发展有助于锻造一条完整的金融生态产业链，通过科技手段为实体经济提供高质量和更有效的服务，助力中国经济结构的转型升级。金融因科技而透明，这一点与影子银行的模糊性形成鲜明对照。

FinTech 创新除了对金融服务业产生直接的影响，也对经济发展走向高质量增长方式以及国家创新战略产生新的驱动力。高质量增长主要靠两个方面。一方面是创新驱动，技术、标准、业务形态和商业模式都是创新的。新时代创新的特征事实，是数据成为增长的重要因素。数字技术、数字经济和数字金融，概括这样一个趋势，而 FinTech 就贯穿在三者之中。另一方面是消费升级的驱动，即体现了科技是第一生产力和以人为本，两者共同带来经济结构和动能转换。

FinTech 推动高质量增长，至少表现在三个方面。第一，以往的中国经济模式是以投资和产品生产拉动，现在是消费与服务驱动，是一个从重资产到轻资产的转型过程。第二，以往的增长以牺牲环境为代价，而 FinTech 恰恰拥有一种环境友好和高度绿色的情怀。第三，以往的经济增长依赖于商品贸易顺差，且长期处在国际分工链条中的低端。而今已经在向高端攀升。FinTech 技术已经具有对外赋能的实力。如此一来，就可以形成和利用新的比较优势，增加服务贸易顺差，改善贸易进出口结构，实现贸易升级，体现了供给侧改革的成果。

中国在 FinTech 创新领域处于世界领先地位似乎已成为不争事实。英国在

2016 年的一份充满危机感的报告中曾经形容：中国如同一辆重型卡车，呼啸而至。有一组数字表明，2017 年中国 FinTech 总交易量达 10865 亿美元，全球第一；FinTech 投融资 328 笔，占全球总量 51%；融资金额 796 亿元，占全球57%；截至 2017 年底，毕马威和 H2 Ventures 联合评选出的全球 FinTech 企业100 强中有 9 家中国企业，其中前 10 排名中有 5 家中国企业。2017 年中国FinTech 的采纳率为 69%，为全球最高，而美国的采纳率为 33%。相比之下，英国倍感压力，似乎英国在 FinTech 的领先地位已经岌岌可危。

然而，从全球金融中心排名来看，中国与其他主要国家相比有较大的差距。全球 FinTech 中心联盟共统计了 44 个金融中心指数，包括伦敦、新加坡、纽约、硅谷、芝加哥、香港等。金融中心指数编制包括依据客观和主观两大标准。客观标准分为三项，即国际金融中心指数、科技创新指数和商业发展指数。三项权重相等。主观项分为政府支持，创新文化，对人才、对消费者和对海外初创企业的吸引力以及规制和监管等。

全球 FinTech 中心排名

城市	排名		城市	排名		城市	排名		城市	排名	
	2016	2017		2016	2017		2016	2017		2016	2017
伦敦	1	1	斯德哥尔摩	—	11	阿布扎比	—	21	马德里	—	31
新加坡	2	2	东京	—	12	吉隆坡	—	22	曼谷	—	32
纽约	3	3	都柏林	12	13	华沙	—	23	布达佩斯	—	33
硅谷	4	4	中国台北	—	14	特拉维夫	6	24	莫斯科	—	34
芝加哥	—	5	阿姆斯特丹	13	15	上海	11	25	伊斯坦布尔	—	35
中国香港	5	6	哥本哈根	—	16	里斯本	—	26	麦纳麦	—	36
苏黎世	7	7	爱丁堡	—	17	深圳	—	27	墨西哥城	18	37
悉尼	9	8	巴黎	14	18	布拉格	—	28	约翰内斯堡	19	38
法兰克福	8	9	奥斯陆	—	19	布鲁塞尔	17	29	圣保罗	—	39
多伦多	10	10	卢森堡	15	20	米兰	—	30	首尔	6	—

资料来源：Global FinTech Hubs Federation。

　　从上述排名中可以领略的信息有三点。第一，国际金融中心排名与科技中心排名基本一致。例如，国际金融中心排名在上海之前的，科技中心的排名基本也是如此。第二，在一些国家和地区，FinTech 中心数量比国际金融中心的数量多。例如，美国拥有纽约、硅谷、芝加哥三个 FinTech 中心。欧洲也是如此。第三，中国榜上有名的中心和排名在前的几个中心还有一定差距。例如，上海 2016 年为 11 名，2017 年增至 25 名；深圳 2016 年没有参排，2017 年为 27 名。很明显，这种呈现与人们的预期是不匹配的。

　　监管部门和政府对 FinTech 的支持已经使得英国在 FinTech 领域的发展处于世界领先地位，冲击在硅谷、纽约和香港之前。其突出特点是重视顶层设计。例如，《2017 年英国财政部监管创新计划》已在最近一份德勤报告中得到印证。报告将伦敦与新加坡一并作为世界领先的 FinTech 中心。因此，与国际上比较发达的 FinTech 中心比较，中国亟待加强 FinTech 的顶层设计，而不能坐视 FinTech 发展尚且停留在企业、地方与部门层面。

　　换言之，FinTech 创新计划应当上升为国家战略（费方域，2018）①。从国际 FinTech 中心形成关键驱动要素来看，英国的经验包含四个要素：其一是对各类人才尤其是高端和复合型人才的吸引力和人才吸引的可持续性。其二是取决于三种类型的需求，即消费者对 FinTech 提供的金融服务的需求；企业尤其是中小企业的需求以及金融机构的需求。其三是政策。包括整个监管的框架和政策的创新。其四是资金。在 FinTech 企业发展的过程中，全程都需要资金的支持，从天使到风投，从 PE 到上市。这四个要素，也是英国衡量 FinTech 中心的标准。

　　英国的经验给出了两个极其重要的启示：第一，发展 FinTech 作为国家战略提出并组织实施，而不是作为国际金融中心或科技中心的一个次中心、二级中心或组成部分来提出和实施；第二，实施这一战略的最佳路径和手段，就是推进 FinTech 中心建设，其实质就是采用生态发展战略。在英国，将伦敦建设成世界 FinTech 之都，早以列入重要国家战略。美国、新加坡和其他一些国际经济重要性国家大致如此。

　　金融拉动科技发展，是美国以创新促进经济增长的一条重要经验。鉴于此，美国在制定发展 FinTech 的顶层框架时，非常明确地界定 FinTech 发展作

---

　　①　费方域：《金融科技发展应成为国家战略——访英凡研究院院长、上海大数据金融创新中心理事长》，《中国金融》2018（12）。

为美国在国际金融经济竞争中地位和利益的长期国家战略，从而占据了很多领先优势。

在 FinTech 中心排名的分项比对上，伦敦在人才和资本项目上均不居首位，但它的总体评分却是全球第一，其原因就在于英国在市场经济的基础上充分发挥了政府和监管部门的作用。英国对于发展 FinTech（包括监管科技）的战略意义见识之远、定位之高、在乎之切、担当之勇、态度之认真、举措之得当，都是值得中国这些后来者仔细体会和认真思考的。

顶层设计的必要性在于 FinTech 本身的性质。发挥 FinTech 的颠覆性作用需要顶层来设计，彰显 FinTech 的外溢性需要跨部门来协调，因为监管的事权在中央，所以需要从上而下的安排，离开了金融监管的框架，FinTech 将寸步难行。所以，整个框架的建立需要国家层面的安排。同时，国家战略可以保证最大限度（深度与广度）的资源动员和投入。作为一个国家战略来说，倾一国之力发展这项事业，这是 FinTech 创新和发达的根本保证。

FinTech 是一个多层次的生态系统，体统本身就具有战略的高度，而不是其他战略的附属品。正因为如此，各个国家通行的做法是将它作为一个独立的国家战略，而不是隐含在其他战略中，比如作为金融中心的一个次中心或者附属中心。这种思维高度实际上显示了一个国家的战略眼光和布局。

FinTech 上升为国家战略，带动的不仅仅是 FinTech 一个行业的发展，而且还会带动链条上的很多前沿端口的繁荣。从这一重要的角度来观察，可以很清楚地看到，在 FinTech 发展背后，对大数据、云计算、人工智能、区块链技术有着持续的需求，而且提供了一个非常广阔的应用场景。毫无疑问，这些需求和场景将金融技术背后整个产业链和价值链都带动起来，例如 5G、宽带、网络安全、芯片等。如此一来，金融发展和科技创新发展可以达到两轮平衡驱动。在这个过程中形成和聚集的新型、高端、复合型人才就可以渗透到经济和社会生活的方方面面，从而使整个经济发生质的变化和提升。

同时还可以看到，发展 FinTech 对社会管理和民生福利也有重大影响。比如，征信体系和诚信体系会更加公平有效，因为基于数据的社会治理会比原来的行政管理社会运行得更好。在新的服务体系下，消费者的选择权利以及可以选择的面增加了，这就为消费者带来了福利。生活在一个智能环境中，这些对人的发展和社会的发展都具有全面影响。

将 FinTech 上升到国家战略既是必需的又是紧迫的。第一，对于最前沿的 Fintech 抢占先机，形成先发和先动优势，而不能坐待丧失时机。第二，中国具备这方面的成就和巨大潜力，需要将这种潜力焕发出来。第三，Fintech 越来越成为各国的战略重心和博弈的焦点。第四，金融技术的经济特征极易形成赢家通吃格局，先发效应比较显著，中国局部形成了全球领先优势，但整体的先发优势尚未形成，唯有趁势而上，否则不进则退。

上海除了人才、需求、资金、政策等优势以外，还有自己独特的区位优势。作为亚洲最著名的全球性大城市，上海是中国沿海对外开放和内陆广大腹地的连接枢纽，也是多个国家战略叠加汇聚的复合平台。上海拥有最好的基础设施，是产业集群、创新集群、城市集群的聚焦点，也是"一带一路"倡议的桥头堡、长江流域和长三角的龙头和核心。在上海之外，其他几个FinTech 中心如北京、深圳、杭州等都在快步疾行，假以时日，中国将会形成一个各具特色的"中心"体系。这将是国家战略的真正落地之日。

国家层面的 FinTech 发展战略设计还应当遵循一定的优先次序。在形成良好发展生态的国际 FinTech 中心建设中，市场和政府都将扮演一定的角色。

鉴于 Fintech 的特性，须坚持市场的主导作用，发挥各类市场主体的活力和创造性。其中，新创企业中，一类是一些很成熟的大银行或者大公司分离出来的人发起的更加具有专门技术的公司，另一类是没有经验的创业者创办的公司，往往需要孵化、加速器的帮助。此外，要发挥技术重要性企业如BATJ 的赋能作用和收购兼并作用。最后，要激活传统金融机构自主或联合转型，成为 FinTech 革命的需求者、供给者和责任者。

政府的重要性体现在三个方面：写入国家战略、立法和政策支持。监管者的作用在于平衡鼓励创新和保护消费者权益；监管者与被监管者要共建生态；并实行监管沙盒试验制度。

"监管沙箱"

FinTech 日新月异，随之而起的数字化金融和金融的包容性使得金融体系变得更有效和更富有弹性。

公众关心更多的是另一个问题，即 FinTech 能否颠覆传统金融业？以香港金融管理局总裁陈德霖之见（2017）[1]，FinTech 的确来势凶猛，但不足以淘汰或颠覆传统金融业，尽管后者的经营模式正经受着前所未有的挑战。但只要

---

[1]　陈德霖：《金融科技对决科技金融》，2017 年 6 月 14 日。Hong Kong Monetary Authority Website. http：//www. hkma. gov. hk/gb_chi/key‒information/insight/20170614. shtml。

银行业紧跟科技潮流的发展，大规模地应用新的 FinTech，不论是自身开发或由第三方提供，皆可维持竞争力和满足客户的需求。FinTech 是金融与科技的结合体。科技公司尽可海阔天空，创意无限。一旦科技公司进入金融领域，就不能也不应脱离社会和公众对存款和投资者保障的要求，无论科技多么高明，都不会改变金融交易的本质。银行业可与 FinTech 或 TechFin 公司一较长短，达者为先，通过竞争带来效益和进步，获益的将是消费者和投资者。金管局的监管原则是"风险为本"和"科技中立"，由此推出银行界的"监管沙箱"，启用新的监管手段和工具。

专栏7　开创智慧银行新纪元

中国香港金融科技的发展和应用具有优良的基础条件和优势。首先，在流动支付领域，中国香港早已拥有了一个成熟的电子支付生态。2015年，香港市民平均拥有2.6张信用卡，中国香港信用卡交易量平均每天170万宗，交易额约17亿元。中国香港发行近3400万张八达通卡，平均每天有1400万宗交易量。而在2016年中国香港金管局发出了13个储值支付工具（SVF）牌照后，香港流动支付更是进入了百花齐放的新时代。其次，金融科技不可能取代传统银行，因为科技公司以人为本、以生活为本，通过电商、支付或社交平台绑定用户，进而提供与金融相关的服务。然而，一旦涉足市民存款和投资业务，科技公司必须赢取用户的信任，方能长远发展。当然，受监管的传统银行虽然有客户信任的先天优势，但也必须加强科技的应用，提供更多元、快捷、便利的服务。随着金融企业"科技化"与科技企业"金融化"，未来数年两者的经营模式将趋向合流。中国香港金管局前不久宣布将推出七项举措支持中国香港进入智慧银行新纪元：一是推出快速支付系统，打通零售层面的电子支付；二是推出金融科技"监管沙盒"升级版2.0；三是引入虚拟银行；四是推行"银行易"，理顺监管、银行、顾客之间的互动；五是促进开放 API；六是加强跨境金融科技合作；七是加大金融科技研究和人才培训力度。

金融科技近年发展很快，但是10年前中国内地还不具备大力发展金融科技的条件。过去监管对流动金融交易的安全性会有所把控，所以很多时候银行都要求客户经理与投资者进行面对面的交流。随着科技的发展，一些技术性壁垒逐渐被突破。作为银行业的监管机构，中国香港金管局正在想方设法协助中国香港银行业迎接这股技术潮流，部署推动银行业转型升级至更高层次的"智慧银行"。中国香港是亚洲区内领先的国际金融中心，网上银行服务一直走在前沿。现在全港银行网上账户达 1200 万个，每月网上银行处理交易金额超过 7 万亿元。从实体分行到网上银行，都可以提出安全、高效的金融服务。

科技发展的突飞猛进为银行业迈进智慧银行新纪元提供了有利条件。一是移动频宽和数据速度大幅提升，自 2010 年开始，移动数据增速 50 倍，大大降低了手机上网成本，开启了移动银行服务的无限潜能；二是电脑运算速度和储存容量高速增长，金融交易能够以更高效率、更低成本的数码形式进行和储存各项记录；三是用户身份认证和电讯保安有突破性发展，崭新的生物认证技术可凭用户指纹、声音和面容等确认身份，加强数码银行服务的可靠性和客户使用的信心；四是开放应用程式界面（Open Application Programming Interface，API）可以促进更多创新，有助于推出更多个性化服务，令用户有更佳体验。

虽然之前尚没有金融机构向监管部门申请成立虚拟银行，但是未来中国香港金管局对此是持欢迎态度的。银行本质上不用去修改目前的银行法律申请商标，只需要符合基本的监管指标。但是，虚拟银行主要依靠科技通过互联网实现，互联网只是媒介，如果虚拟银行没有突出的科技成果，在香港银行业异常发达的资本市场中恐怕很难发展。目前，传统银行通过设立分行、支行的方式和客户进行面对面的沟通，对于小额存款、贷款、投资理财的客户来说，银行投入成本其实是比较高的，所以小额高频的业务需要虚拟银行的介入。

中国香港金管局与新加坡金融管理局合作开发"全球贸易连接网络"，推动两地及全球的贸易和贸易融资业务数码化，这意味着金融科技的发展促使竞争伙伴联手增强金融中心的核心竞争力。金融科技没有边界，有需求的地方就会催生金融科技的发展，所以跨界的金融合作非常重要。中国香港是国际金融中心，在日常开户维持客户上可能会遇到一些矛盾，未来会更向适用性努力。新加坡虽然同中国香港互为竞争对手，但是通过合作备忘录还是有很多互利的地方。中国香港已经与新加坡金管局签订两地金融科技合作协议，涵盖创新企业转介、创新项目合作、信息共享及专业技术交流四个范畴。比如，在贸易融资方面，中国香港已基本和新加坡达成共识,目前在贸易中存在很多纸质单据,而纸片很容易造假,所以新加坡将贸易融资数字化,而中国香港目前在开发分账式分类技术,可以取代纸张在贸易中的重要作用。现在中国香港和新加坡金管局探讨的合作方式是建立一套跨境数码贸易融资平台,将双方贸易连接起来。两地金管局期望在2018年第一季度内确定"全球贸易连接网络"的运作模式及技术细则之后,在2018年底完成这套系统开发计划,预期"全球贸易连接网络"将在2019年初投入运作。"全球贸易连接网络"将会是一个开放式包容的平台,一旦有效运行起来,将会有更多的贸易伙伴加入。

科技公司的构成包罗万象,中国香港金管局对于金融科技公司的监管,体现了对金融机构监管的统一性和穿透性。监管以风险为本,不会因新科技就可以免去监管。监管的统一可保障客户存款安全,是穿透式监管。中国香港金管局的基本态度是拥抱科技,但以风险为本。银行本身与纯支付的科技公司不同,这些公司往往更生活化。中国香港金管局对这些公司开放沟通机制,但并不意味着这些公司的做法可以天马行空,而是要全部符合监管条件。如果只做科技公司,可以保持原来的风格,但一旦牵涉到公众的资金,就一定要有很好的机制。科技公司要做银行业务,对资本流动性、风险匹配等,全部都要符合标准。监管过程要坚持穿透性、文化与监管并重的理念。

过去中国香港金管局只和受监管的银行进行双向沟通,越来越多的金融科技公司开发创新的产品不能在市场上应用,只能先通过和商业银行合作,先由商业银行接受,而后才能在一定程度上推广,这种情况正在得到改善。2016年中国香港金管局推出金融科技"监管沙盒",业界反响热烈。2017年底,中国香港金管局推出升级版的"监管沙盒"2.0,新增了三项功能:一是金融科技监管聊天室——沙盒使用者可以更早地在创新项目构思初期,向银行监管和金融科技专家查询,尽快反馈意见,有助于加快推出金融科技项目;二是科技公司直接使用沙盒——科技公司无须经过银行,可直接通过聊天室与金管局沟通;三是跨业合作——证监部门和保监部门会同步推出专属沙盒,对于一些跨多国监管范畴的金融科技项目,新沙盒将提供"一点通"切入,按实际需要接通金管局、证监会和保监局。

孙芙蓉:《开创智慧银行新纪元——访香港金融管理局总裁陈德霖》,《中国金融》,2018(4)。

"监管沙箱"（Regulatory sandbox）在 FinTech 革命中应运而生，旨在防止监管的不确定性对 FinTech 发展可能带来的限制。由英国金融行为监管局（FCA）首创并推出，对监管科技（regulation tech – RegTech）的发展具有典型意义。所谓"监管沙箱"，就是通过提供一个"缩小版"的真实市场和"宽松版"的监管环境，在保障消费者权益的前提下，鼓励 FinTech 初创企业对创新的产品、服务、商业模式和交付机制进行大胆操作。2015 年，FCA 正式创立"监管沙箱"，并在 2016 年 5 月敞开第一个"监管沙箱"，从 60 多家提出申请的 FinTech 公司和传统金融企业中最终按规选择了 18 家进入"监管沙箱"。2017 年 3 月，FCA 又开放第二期"监管沙箱"，目前仍在持续。

英格兰银行的监管官员、FSB 主席 Carney（2017）[1]认为，FinTech 对于融合无缝实时支付、分布式电子商务系统、复杂的客户目标以及更精确的信用评级这些特征所表现的潜力是巨大的。这一过程的完成将预示着全新的金融体系，而官方的责任是支持科技创新的同时监管与金融稳定相关的风险。更新监管模型可以有多种方法：（1）"监管沙箱"使得企业可在既定的生活环境和相称的监管要求下检测创新产品和服务、经营模式和递送机制，有助于开发商和管理者从中积累经验，并推动创新。（2）现有的授权程序应适应于新的经营模式和方法从而确保消除一些不必要的障碍。（3）英格兰银行正在扩大向非银行支付服务提供商（PSPs）提供央行资金的渠道，使它们能够进入银行间实施全额实时结算体系（Bank's Real Time Gross Settlement System），与银行直接竞争，从而鼓励创新与竞争并保障金融稳定。（4）若干官方组织包括英格兰银行与 FinTech 的推动者正在对启用新技术的概念进行认证，探讨究竟哪些创新为太阳下面的新鲜事儿，包括与央行电子货币相关的政策和技术问题。在一定程度上，公众最终可获取无风险资产。从极端的意义上说，这可能从根本上重塑银行业，也意味着传统银行的流动性风险会大幅增加。这里强调的是，必须意识到 FinTech 的巨大潜能，监管当局必须监管这种潜能对金融稳定的影响。

值得肯定的是，FinTech 可以引入多样化的技术和有弹性的体系减少系统风险，成为同一个价值链中新的竞争对手。与此同时，某些创新增加了系统

---

[1]　Mark Carney（2017）．The Promise of FinTech – Something New Under the Sun? Governor of the Bank of England Chair of the Financial Stability Board. Speech Deutsche Bundesbank G20 conference on "Digitising finance，financial inclusion and financial literacy"，Wiesbaden，25 January 2017.

的互联性和复杂性,引发更大的"羊群行为"和流动性风险和更密集的操作风险,也会出现更多的监管套利机会,从而产生系统风险。这些风险的出现期待监管当局在管理视界中更大密度地聚焦于关键点,设置动态的审慎监管要求。目前,除英国之外,新加坡、澳大利亚、印度尼西亚、泰国等国家已经或将要向 FinTech 行业推行"监管沙箱"制度,给予它们特定的空间和更宽松的运行环境来观察其发展情况,意在防止潜在风险蔓延的同时鼓励创新。

FSB (2017)[①]有关 FinTech 与金融监管的分析报告认为,FinTech 所提供的信用便利对信用条款性质和对传统银行业的影响充满着不确定性。

FSB 联合多方国际金融机构和组织共同研讨 FinTech 信用市场的功能且评估了这些行为的微观经济收益成本。考虑到该市场就整体信用而言所占比重在增加,对金融稳定将产生一定的影响,因此,需根据各国 FinTech 经营模式的异质性来制定审慎监管政策。面对 FinTech 信用市场对决策者管理的挑战,高质数据将是这类市场健康发展的关键。中国、英国和法国已引入税收鼓励推进 FinTech 投资者的在线借款平台。除了英国独创的"监管沙箱"以外,还有一些国家提出了设置创新中心和加速器的计划并付诸实施。

对 FinTech 的监管原则是"风险为本"和"科技中立",目的在于可以同时兼顾 FinTech 创新和维护金融稳定。"监管沙箱"提供了一种可供借鉴的范例。

---

① FSB, FinTech credit Market structure, business models and financial stability implications. Report prepared by a Working Group established by the Committee on the Global Financial System (CGFS) and the Financial Stability Board (FSB), 22 May 2017.

第四篇

后危机时代的中国金融

第 9 章　未雨绸缪

俗话说，"与其补救于已然，不如防治于未然"。香港金融管理局（Hong Kong Monetary Authority，HKMA）在 2017 年采取了进一步的危机缓解措施，以保障相关银行业与金融体系的稳定。[①]

——陈德霖

对投资者和监管机构而言，维持一个具有盈利能力并井然有序的银行业十分关键。如何在一个复杂多变、低利率和强监管的环境下保持银行的持续发展和繁荣，这是全球银行业所面临的生存挑战。中国已成为世界第二大经济体，人民币国际化也进入关键阶段。随着"一带一路"等国家战略的稳步推进，开放中国金融业将成为人民币国际化的必要条件，也是中国金融业走出去、外资金融业走进来双赢局面的必要前提。中国先后在银行商业化改革、金融市场拓展、中国人民银行机构改革等方面取得了重大进展，金融业的整体水平、开放程度和风险防控能力有了较大的提升，金融监管体制机制较为完善，金融结构和市场结构持续优化，这些都为金融业扩大对外开放奠定了坚实基础。

银行业纵横

全球银行业在 2008 年金融危机之后经历了五年的增长，而后出现了萎缩，停滞不前。波士顿咨询公司（BCG）的年度调研发现[②]，银行之间在近 10 年的绩效有着显著的差异。北美最好的银行利润滑坡，亚太、中东和非洲地区银行业出现衰退，唯有南美银行业表现出强力反弹。

[①]　CHAN Tak – Lam Norman（2017）. Chief Executive Statement in Annual Report 2017. Hong Kong Monetary Auauority.

[②]　波士顿咨询公司（The Boston Consulting Group，BCG）2018 年全球风险报告：《打造面向未来的银行风险管理机构》。

中国银行业的资产规模已在全球高居榜首。截至 2017 年底，中国银行业金融机构的总资产超过了 250 万亿元人民币[①]，居全球第一位。中国有四家银行被列入全球十大系统性重要性银行的名单中，利润和资本的指标居于前列。中国股票市场总市值在世界位居第二，债权市值在全球位居第三，仅次于美国和日本。整个资本市场和债权市场的结构、广度、深度和发达国家趋于一致，保险业按报废收入也已居全球第二。中国的移动支付和许多金融创新在全国和全世界居于领先水平。

另据德勤中国 2018 年 6 月发布的上市银行年报业绩称[②]，2017 年末，中国上市银行资产合计人民币 166.44 万亿元，同比增幅 6.84%，是五年来首次出现的个位数增长。从资产结构来看，过去五年上市银行同业往来资产持续压降，2017 年末占比 5.88%。由于受到强监管影响，金融资产投资占比首次下降，贷款占比有所提升。根据国家金融与发展实验室报告，同样是"强监管"的直接作用，2017 年非金融企业部门杠杆率同比回落 1.3% 至 156.9%，金融部门杠杆率则分别回落至 8.4%（资产方）和 4.8%（负债方）。同业资产负债自 2010 年来首次收缩，理财规模负增长，表外业务逐月回落。在强监管的环境下，上市银行理财业务的发展明显放缓，多家银行非保本理财余额下降。其中，大型商业银行依托网点和客群优势，平均增速超过 4%；股份制商业银行和城市商业银行受监管影响较大，非保本理财余额较 2016 年分别降低 8.77% 和 8.50%，平均增速首次为负；农村商业银行也保持了平均正增速。随着资管新规的发布，上市银行理财业务必将向公募基金化产品转型，未来资产负债管理、投研能力等将成为理财业务的核心竞争力。

经验证明，纵然规模效益存在，数量与质量并不总是成正比。高质量、高效率、安全可靠的金融服务对经济复苏和可持续发展更为重要。

中国香港特区银行业的资本充足率和流动性比率在全球金融机构中高居榜首，大大超出法定的适应性标准，反映了中国香港银行体系的高度弹性，稳健的风险管理奠定了银行部门可持续发展的坚实基础。2017 年，中国香港银行业新增贷款 16%，总股本税前收益达 11.74%，与其他国际金融中心的银行业相比，处于一种非常健康的盈利水平。零售银行的分类贷款比率从

---

① 易纲：《加强国家金融管理中心建设，打好防范风险攻坚战》，在金融界论坛第 7 届年会上的演讲，2018 年 5 月 29 日。

② 德勤中国：《2017 年上市银行年报业绩回顾与展望》，2018 年 6 月 4 日。

2016 年的 0.72% 降至 0.54%，①显示出银行业资产的高质量，也表明香港金融局的管理思想在不断地更新。金融业追求利润的冲动并忽略最初的社会责任感，不能仅仅依靠规则和管理来约束，2008 年的全球金融危机暴露了这种依赖的局限性。危机后的 10 年中，香港金管局更多地从鼓励银行发展和追求良好的公司文化和价值入手，解决银行从业人员牺牲客户或银行的利益而急功近利的行为，建立适当的激励机制并付诸行动，推动银行业朝着稳健的方向迈进。

本着"预防胜于治疗"的理念，香港金融监管局自 2009 年以来实施 7 轮危机缓冲措施以保障香港银行业和金融体系的稳定，新增居民抵押贷款的平均贷款价值比 64% 降至 2017 年底的 49%，债务的还本付息比也从 2010 年的 41% 降为 35%。金融管理局于 2017 年 5 月引入第八轮银行抵押贷款反周期措施，强化银行对财产项目的信用风险管理，旨在增强银行体系的弹性，从而抵御任何财产市场的衰退所造成的冲击。同年，建立了解决办公室（Resolution Office），以确立国际标准，处理被列入"大而不倒"（too big to fail）并且无存活希望的金融机构，从而避免重蹈覆辙，即发生类似 2008 年全球金融危机时动用公共资金救助破产的金融机构，也可以最小化这些机构的倒闭对金融体系、社会乃至整个经济的影响。

近年来，各种类型的金融控股公司发展迅速，交叉性金融风险逐渐加大。现实中出现了大量非金融企业的金融控股行为，形成了事实上的金融控股公司，风险隐蔽性强，存在监管缺失。有关金融控股公司监管的思路，周小川提出，第一，金融是高风险行业，必须有足够的资本，资本是应对风险的基础能力。一些企业所控制金融机构的资本并不真实完整，社会上存在着一些虚假注资、循环注资的问题。因此，需要强调资本的真实性、资本的质量、资本的充足。第二，金融控股公司的股权结构、受益所有人的结构、实际控制人的状态都应该保持足够的透明度。如果不透明的话，就容易出现一些风险和违规操作的空间。同时，只有在所有权结构比较清晰的情况下，金融控股公司内部的金融机构才能够加强对关联交易的管理。保持稳健经营和透明度，是对金融控股公司进行管理和起草一些基本规范文件的起步点。

潘功胜认为，在分业监管的模式下，金融控股公司的监管在规则上存在空白，监管的主体也不明确，为此国务院要求中国人民银行牵头抓紧制定关

---

① Annual Report 2017, Hong Kong Monetary Auauority.

于金融控股公司的监管规则。金融控股公司监管规则要落实行为监管，体现实质重于形式，比如强化整体的资本监管，建立并表的监管机制，防止虚假出资、循环出资等短期行为；严格股权管理，要求股权架构和组织架构清晰、股东和受益人透明；强化关联交易的管理，在金融机构与控股公司、其他的产业之间建立防火墙制度等。

中国的金融体系还不是很发达，影子银行体系发展的规模扩充很快，对金融体系的稳定性和公信力有潜在的负面影响，据不完全统计，中国由影子银行构成的资产大约 25 万亿 ~ 30 万亿元，占 GDP 的 40%（Lu, et al., 2015）。[1]其中包含人民币贷款、外币贷款、委托贷款、信托贷款与无折扣的银行承兑汇票和公司债券。

传统意义上的商业银行高度介入，影子银行业务往往绕开监管，投向高风险行业。尤其是房地产和地方融资平台这样的通道，更是吸引影子银行趋之若鹜的主要流向。这些活动隐含着更大的金融风险。

危机后的 10 年中，整个金融市场的宏观背景处于低增长、低利率、低通胀、低石油价格、低投资、低贸易、低 FDI 这样一种持续性、低均衡的状态中。在此背景下，全球金融市场整体风险水平高企，金融市场正在发生一系列的变化。美、欧、日货币政策背离和美元走强，使得利率和汇率风险成为当前全球金融市场的主要风险。同时，金融市场正在发生着深刻的结构性变化，金融中介功能正从银行移向影子银行（朱民，2017）[2]。

以美国为例，1995 年银行拥有 5 万亿美元的资产，资产管理公司只有不到 2 万亿美元的资产。金融市场管理的资产约为银行业资产的 40%；20 年以后的 2015 年，资产管理公司的资产和银行业的资产几乎同等规模，均达到大约 15 万亿美元。银行业的去杠杆产生了新的金融分布，银行的中介功能从银行业走向非银行业，产生了新的风险集中度。而这个集中度反映在债市和公司债务上，将产生新的潜在风险。例如，单一资产管理公司持有全球高回报债券的比例从 10% 到 30% 不等，全世界五大资产管理公司，持有新兴经济体的国家和公司的债券比例也超过了 20% 以上，集中度如此之高，任何一家公司抛出一只债券的行为都将引起该市场的大幅波动。因此对于新兴经济体来

---

① Lu, et al.（2015）. Shadow banking and firm financing in China. International Review of Economics and Finance 36（2015）40 – 53.

② 朱民：《全球金融市场的机构性变化》，载《清华金融评论》，2017（9）。

说，资本可能会继续外流，与此同时，全球金融产品和金融市场的关联度和共移性的加强，已经引起了流动性的紧缩和变化，并必然导致金融市场的剧烈沉浮，这是全球金融市场最大的不确定性，也是对市场和政府的巨大挑战。相比 2008 年金融危机时期，整体金融风险是下降的，但宏观政策的空间却急剧萎缩，修复政策空间也刻不容缓。

世界银行 2017/2018《全球金融发展报告》的主题是"无边界的银行"①。因为没有比国际银行业更能反映国际一体化利益和风险。

在 2008 年全球金融危机发生之前的 10 年最重要的特征是金融全球化，银行机构的规模达到前所未有的水平。这些变化与跨境借贷和外国银行对东道国金融体系的介入同时发生，尤其是在发展中国家。国际银行业的渗透和业务活动促进了更快的经济增长，带来了更大的福利。一方面，通过提供东道国急需的资本、专业知识和新的技术，引入竞争性的银行体系，从而带来持久的稳定。另一方面，通过风险分担和多样化经营，使得国内应对冲击的过程变得平滑。然而，代价则是不可避免地将东道国不时地暴露于系统风险之中，更被指责为在全球金融危机中传递跨境冲击，在当地金融体系的流动性转移中也扮演重要的角色，在制度环境较差的情况下加剧"繁荣—萧条"循环的不稳定性。因此，国际银行业在这次危机后普遍收敛其国际业务，逃回母国避险，与全球化逆流不谋而合。此后，南南合作的动力显然大于由北向南的渗透，而与地区化（regionalization）相辅相成。

在全球化的逆流中，保持国际银行业的开放有助于全球资金的流动，增加技术及知识传播的机会，增进东道国银行部门的竞争，改善资金分配的效率；也可强化国内的金融政策与规则以及监管的实践活动，从而促进经济增长和健全金融体系。然而，国际银行业并非经济增长与金融稳定的灵丹妙药。况且对于国际银行业的监管因跨境文化和体制的障碍而更加复杂，需要母国和东道国的合作。因此而构成了对决策者和监管者的另一个重要的挑战。

漫步金融市场

中国资本市场占全球比重已从零上升至今天的 11.3%，目前中国已经是全球第二大股票市场、第三大债券市场，上市公司市值占 GDP 的比例从 45% 提升至 65%。中国的保险市场进一步发展的前景广阔。但比较而言，中国金

---

① The World Bank, Global Financial Development Report 2017/2018. "Bankers Without Borders".

融市场的开放和国际化程度依然较低。比如外国银行资产规模占比从 2007 年的 2.32% 下降至 1.26%，外国投资者在中国股票市场股份占比仅为 1.15%，在中国债券市场仅占 2.44%。外资在保险业占比最高，但也仅为 6.1%。

2017 年，国家发展改革委员会、商务部、中国人民银行和外交部四部委发布了《关于进一步引导和规范境外投资方向指导意见的通知》，强调合理把握境外投资的方向和重点，切实加强组织领导和统筹协调，落实工作责任，抓紧制定出台配套政策措施，扎实推进相关工作，确保取得实效。同年，中国对全球 174 个国家和地区的 6236 家境外企业新增非金融类直接投资，累计实现投资 1200.8 亿美元。过去几年，在外汇微观市场监管上，监管部门按照中国现行的法律和外汇管理政策，加强了外汇市场微观监管。管理的着力点主要是打击虚假欺骗性交易、打击"地下钱庄"、加强跨境收支的真实性申报、加强金融机构的合规性监管等。央行重申，这些微观监管措施不会因金融周期的变化而发生改变，它会保持在不同周期的标准一致性和稳定性。

在国内市场上，与美国庞大而集中度很高的证券业相比，中国证券公司规模与数量不成比例。截至 2017 年 6 月，中国共有证券公司 129 家，总资产为 5.81 万亿元，净资本为 1.5 万亿元，营业收入达 1437 亿元。平均每个公司总资产、净资本、营业收入仅为 450 亿元、116 万元、11 亿元。[1]证券公司如此众多却难成规模的原因是多方面的，其中一个重要原因是中央政府和省级政府金融资本对证券公司的投资自成体系，过于分散。这一状况降低了证券公司的影响力，阻碍证券公司的国际化发展。尽管作为市场主导型的美国金融体系和中国银行主导型的金融体系之间不具有太多的可比性，但是对于发展多元化和多层次的中国资本市场而言，以上海国际金融中心为基地，建立具有国际竞争力的大型证券公司，对于金融业的深度改革开放是必要的。

观察国内金融市场的发展情况，金融乱象是引致系统性金融风险的重大隐患。例如，2016 年债券市场风波表明期限利差、信用利差、流动性利差和刚兑信仰与债券市场的危机和恐慌等脆弱性存在密切的关系。[2]

借鉴国内商业银行系统展开压力测试的经验，2011 年，中国证券业协会发布《证券公司压力测试指引（试行）》，以推动证券公司建立、健全压力测

---

① 中国金融信息中心，"第十届陆家嘴论坛"（2018），6 月 15 日，上海。
② 上海银监局债券市场脆弱性课题组（2018）。我国债券市场脆弱性监测体系构建与实证检验。中国银行业监督管理委员会工作论文，2018 年第 6 期。

试机制。2016 年底的修订版，体现出在证券公司资产规模不断增大、创新业务迅速开展的背景下，监管层面鼓励证券公司进一步完善压力测试机制，提升风险管理能力的目的。

作为中国金融市场重要组成部分的公司债市场，在 2015 年 1 月发行与交易管理制度改革后发行额快速扩张，由 2014 年底的 7740 亿元迅速攀升到 2017 年 12 月底的 5.08 万亿元。此种井喷式发行可能会产生潜在风险和风险外溢。第一，公司债的到期期限较为集中，将会出现交易所公司债的债券兑付高峰，增加了市场风险。第二，前期的发行主体主要集中于房地产和多元金融等部门，在去杠杆的大背景下，行业累积的潜在风险会增加。第三，债券市场上以商业银行、证券公司和广义基金等金融机构为主要投资者的结构特征、广泛采取质押式回购的杠杆操作的交易特征以及与此相伴的"羊群效应"，在宏观经济面临下行压力和货币政策等宏观经济政策的冲击下，都会成为潜在风险的来源（李湛，2018）。①

非金融企业债务占比居于世界主要经济体的首位，杠杆率如此之高，债务风险逐步累积，长此以往，就有可能导致系统性风险。

总体而言，中国金融市场国际化依然落后。资本市场的双向开放，体现了引进资本流入和鼓励资本流出的一个双向平衡的特点。自贸区、沪港通、深港通、合格境内投资者（QDII）与合格境外投资者（QFII）等内外联系机制的建立，为境内外资本的跨境投资提供了便利。也对中国券商竞争力提出了更高的要求。开放的核心理念就是打造一个和国际接轨的国际化的中国金融市场。金融业开放需要新的改革，一是市场准入；二是金融业务全面放宽；三是信用清算、评级征信等金融基础设施业开放，增强市场透明度和竞争的公平性。在此基础上，"沪港通""深港通""沪伦通"等举措将金融市场进一步推向国际化。

目前的中国金融体系主要依靠间接融资，资本使用效率还有很大改进空间，进一步开放旨在推进整个金融机构的改变，提高金融为实体经济服务的效率。只有开放金融市场开放，才能建立现代的监管体制，由此建立健康、有效和稳健的金融体系。

---

① 李湛：《公司债市场的风险预警与控制研究》，载《中国证券》，2018（4）。

竞合共赢

2001 年，中国成为世界贸易组织（WTO）的一员，此后一直履行着作为成员的各种承诺。在货物贸易领域，中国的承诺从 15.3% 的关税总水平降到 9.8%，于 2010 年就全部完成。2015 年，中国贸易加权的关税水平只有 4.4%，与美国的 2.4%、欧盟的 3%、澳大利亚的 4% 已经非常接近，且在这个基础上继续降税。自 2016 年至今，自主降低关税有共计 2400 多个税号。在服务贸易领域，迄今开放大约 120 个部门，已经超过世界贸易组织的要求。中国也自主开放了世界贸易组织并未做具体要求的投资领域。

根据中国入世承诺，金融业开放有 5 年的过渡期。2006 年底，中国银行业全面对外资开放，实施国民待遇，中国银监会就此颁布了实施细则。过渡期间，来自 22 个国家和地区的 73 家外资银行在中国的 24 个城市设立了 191 家分行和 61 家支行，14 家外资法人机构；外资银行本外币资产总额达到 1051 亿美元，占中国银行业金融机构总资产的 1.9%。另外，外资银行的人民币业务发展迅速，2001 年底至 2006 年底增长了 4.6 倍，年均增幅高达 92%；中国对外资银行开放人民币业务的城市已经达到 25 个，其中 5 个城市属提前开放；获准经营人民币业务的外资银行机构已达 111 家，获准经营的业务品种也超过 100 种。

外资金融机构初入中国市场时，国内金融业传出"狼来了"的惊呼。过渡期间，25 家中资银行引入 18 家外国战略投资者，入股总金额达到 181 亿美元。最初，外资银行选择的对象大多是地方商业银行和规模较小的股份制银行，随后迅速蔓延到包括上市银行、全国性股份制银行和国有银行在内的大型商业银行。

在五年金融业开放的过渡期中，通过外资银行和其他金融机构，建立了充分竞争的平台，接轨国际惯例，尽管历经挫折，但使得中国金融业变得更为强大，可走出国门，在国际金融市场上与"群狼共舞"。近 10 年来的稳定发展，使得中国具备了再度开放金融业的实力。中国银保监会数据显示，截至 2017 年 11 月末，在华外资银行业金融机构 210 家，含外资法人银行 39 家、外资新型农村金融机构 17 家、外资非银行金融机构 31 家以及外国银行分行 123 家，另有 100 多家银行业法人机构含有外资成分。其中，上海在金融业对外开放一直走在前列。2018 年初，外资金融机构占上海市所有持牌金融机构总数近 30%。

2017 年 7 月 "债券通" 的 "北向通" 正式开通之后，人民币汇率企稳走强的背景下，境外机构明显加大了对人民币债券的增持力度。当年境外机构累计增持人民币债券 3476.73 亿元，增持幅度同比扩大 130%，托管余额则同比增长 43.5%。截至 2017 年 12 月末，618 家境外机构在中央国债登记结算公司托管持有境内债券，较 2016 年末增加 207 家。共有 247 家境外机构投资者通过 "债券通" 进入银行间债券市场，交易活跃度不断提升，后发优势逐步显现。①

本土银行业比对外资银行也有明显的劣势。从银监会公布的 2018 年第一季度商业银行（法人）主要指标分机构类情况表所显示的数据看，外资银行的不良贷款率仅有 0.66%，远低于国内大型商业银行、股份制商业银行和城市商业银行，这三类机构均在 1.5% 以上。而外资银行的拨备覆盖率、资本充足率和流动性比例分别为 320.42%、17.43% 和 62.02%，大大高于大型商业银行（198.96%、14.63% 和 50.81%）、股份制商业银行（193.11%、12.27% 和 51.40%）和城市商业银行（213.54%、12.76% 和 50.87%）。这种对比可在一定程度上说明，外资银行相对于本土银行业，具有更高的风险意识和运作质量，这在充满不确定性的国际金融环境下具有抵御各种冲击的优势和能力。

中国已成为世界第二大经济体，人民币国际化也进入关键阶段。"一带一路" 倡议等的稳步推进，开放中国金融业将成为人民币国际化的必要条件，也是中国金融业走出去、外资金融业走进来双赢局面的必要前提。改革开放以来，随着社会主义市场经济体制的逐步建立，市场在资源配置中的作用越来越强，经济社会发展取得了历史性成就。在金融业领域，中国先后在银行商业化改革、金融市场拓展、中国人民银行机构改革等方面取得了重大进展，金融业的整体水平、开放程度和风险防控能力有了较大的提升，金融监管体制机制较为完善，金融结构和市场结构持续优化，这些都为金融业扩大对外开放奠定了坚实基础。

积极稳妥扩大金融业对外开放是当下的国之大计，安排合理的开放顺序是适当的策略。放宽或取消外资一些股比限制，实际上是减少对外资机构的歧视性待遇，体现内外资的一视同仁。

---

① 中国人民银行上海总部国际部：《境外机构 2017 年累计增持人民币债券 3477 亿元》，载《投资机会与风险》，2018（1）。

中国金融业对外开放早已起步，在市场准入方面的对外开放也已准备多年。实际上，中国从 20 世纪 90 年代后期在准备加入世贸组织的时候，就开始酝酿市场准入，只因亚洲金融风暴才一度放慢脚步。在加入世贸组织若干年中有所进展，正准备阔步开放时，却又遭遇国际金融危机。目前，中国经济进入新阶段，也加大了对金融业的开放力度，除了允许境外机构在中国开办金融业务外，对外开放被赋予更广泛的含义，其中也包括中国的金融机构走向全球。近年来中国的金融机构在全球广设分支机构，拓展业务，一个重要的因素就是人民币的国际化，不仅促进了中国整个金融业对外开放，也加速了人民币自身走出境外的步伐。除此之外，金融市场也将有重要的开放举措。

周小川对中国金融业的开放给予了高度概括：改革开放提高了金融体系的整体稳健性。首先，基本金融制度逐步健全。中国的货币政策和金融监管制度立足国情，与国际标准接轨，探索构建宏观审慎政策框架，建立存款保险制度，防控系统性风险冲击的能力增强。股市、债市、衍生品和各类金融市场基础设施等"四梁八柱"都已搭建完成，市场容量位列世界前茅。其次，人民币国际化和金融业双向开放促进了金融体系的不断完善。人民币加入 IMF 组织特别提款权（SDR）货币篮子，参与国际金融治理地位显著提升。一些国际金融机构参与中国金融业，促进了金融市场竞争，提升了国内金融机构经营水平和抗风险能力，国内金融机构在境外的分支机构和业务也在不断扩展。中国工、农、中、建四大银行都是全球系统重要性金融机构，银行业较低的不良资产率、较高的资本充足率和盈利能力均处于世界领先水平。

中国银行业品牌的价值增长堪称国际金融史上的奇迹。2018 年 2 月初，英国《银行家》杂志发布了 2018 年"全球银行品牌价值 500 强"榜单，中国银行业上榜银行以合计 3174 亿美元的品牌价值继续保持全球第一。2018 年全球最具价值品牌 100 强中，中国工商银行以 592 亿美元的品牌价值排位全球第十位，比上年增长 24%。

中国金融业在参与国际金融治理中地位显著提升。改革开放以来，中国在助推国际货币体系转型升级、力促国际金融市场公正透明、完善全球金融安全体系建设、推动国际金融机构治理改革、引领绿色金融稳健发展等方面，都作出了巨大的贡献，已经成为全球治理体系变革的引领者和中流砥柱。

中国人民银行致力于推进金融市场对外开放，促进香港国际金融中心地位，方向明确。第一，推动资本市场和全球主要资本市场的连通，并进一步开放。金融市场与境外的连通也在增强，并且稳步推进资本项目可兑换以及取消个别限制。第二，通过"沪港通""深港通""债券通"这些金融市场上的对外开放，中国在货币可兑换领域逐渐迈出坚实稳定的步伐。第三，尊重香港特别行政区通过自己的决策程序而选择实行与美元挂钩的联系汇率制度，以及浮动区间的微调。第四，中国对外直接投资政策已经非常公开化和透明化。

宏观审慎框架与穿透式管理

2008 年全球性金融危机后，国际社会呼吁加强对全球金融的监管，包括对金融机构和金融市场的全面监管；建立问责制和以透明度为基础的全面金融信息系统；建立风险评估体系和预警系统；赋予 IMF 组织更大的监管权限；制定全球通行的金融监管标准；建立有效的跨国监管制度等。[1]改革国际金融监管体制的呼声主要集中在欧洲和美、英等一些发达国家，新兴经济体则更关注在未来的改革中能获得多少话语权。

在这场改革中，巴塞尔银行监管委员会制定的《统一资本衡量和资本标准的国际协议》经历了一个深刻的变化，从《巴塞尔协议 II》注重微观审慎监管转向《巴塞尔协议 III》（Basel III）的宏观审慎监管。微观审慎管理的理念是，只要单个金融机构保持自身的稳健，就可以保证整个体系风险得到适当的管理。而宏观审慎监管的理念基于金融体系作为一个整体有着共整合的关系以及风险转化的特征。

Basel III 建立了全球标准以应对特定的和一般的系统风险，通过提高资本质量，使得银行可以吸收损失，持续经营，监控杠杆率和改善银行流动性，目的在于提高资本框架的风险覆盖率，尤其是针对票据买卖、证券化、表外业务风险暴露和对手方信用风险暴露等来自衍生品的风险。监管侧重两个主要维度，即横向维度——力主横截面的风险管理，消除系统重要性金融机构（SIFIS）"大而不倒"和道德风险。时间维度重在逆周期管理，即缓冲资本的留存，这一资本框架有利于更稳定的银行体系，减少金融与经济冲击。反周期的主要改进是提高资本充足率和牵制银行的高杠杆率，期待杠杆率的规定可以俘获表内业务和表外业务以及衍生品所暴露的风险。另有流动性覆盖率

---

① BCBS（2010a），Basel III：A global regulatory framework for more resilient banks and banking systems. BIS working paper，October 2010.

和净稳定资金比率。这两个指标的提出，将进一步增加银行维护流动性的能力，应对短期内的资本混乱状况，并解决长期流动性错配问题。[①]英格兰银行和欧洲货币常务委员会的研究或报告材料中也开始采用宏观审慎这一概念并付诸行动。

危机之后的金融稳定话题几乎充斥在所有国家货币当局和国际金融机构的论坛和报告中，也成为国际经济学界讨论的重点。一些经济学家呼吁成立一个强有力的国际监管机构，具有充分的监管独立性与雄厚的财力，并能完善国际监管协调机制。巴塞尔金融稳定委员会（The Financial Stability Board，FSB）应运而生。

FSB 于 2009 年 4 月以其前身巴塞尔金融稳定论坛为基础组成了新的机构，旨在监督全球金融体系，成员国包括所有 20 国集团（G20）成员，金融稳定论坛的成员以及欧盟委员会。在此后的每届 G20 年会上，金融稳定成为最重要的议题之一。

多数国家和地区在经历过金融危机或动荡之后，经济增长会再度显现。问题在于，经济复苏的速度掩盖了许多瑕疵，也减轻了制度改革的压力。正如一些经济学家所强调的："没有一个危机国家有效地处理了国内的银行问题；高额不良贷款在这些国家似乎继续存在。如果币值高估、流动性不足和银行问题之间的最深层联系是道德风险，那么宣称金融危机时代已经结束似乎为之过早。"[②]尽管这一警示是针对 1998 年的后危机时代而言的，但依然有它的适用性。更何况当今世界比 10 年前更加复杂和风雨飘摇，风险全球化对各国银行业依然是严峻的考验。

2008 年金融危机后，宏观审慎监管开始被广泛关注，并逐渐成为政策制定者的共识。从微观审慎到宏观审慎管理的重心转变，是因为微观金融或经济问题演变成了宏观金融和经济问题。微观审慎监管从金融体系整体出发，在关注金融体系内部风险集中的同时，更重要的是关注宏观经济层面的变化，通过系统性风险的防范来避免宏观经济受到金融危机的破坏，但并没有抛弃微观审慎监管所要保护的消费者利益。

如前所述，英国在金融监管体系的改革中，采取了诸多有利于宏观审慎

---

① BCBS（2010c），Basel Ⅲ：International framework for liquidity riskmeasurement，standards and monitoring. BIS working paper，December 2010.

② David O. Beim and Charles W. Calomiris，Emerging financial markets，McGraw - Hill Company，2001，PP. 324.

监管的措施。例如，2013 年，英国原来的金融服务局一分为二，形成金融行为管理局和审慎监管局（PRA）共存的"双峰"监管模式，后者直属英格兰银行，与此同时，又在英格兰银行理事会下设金融政策委员会，由英格兰银行行长任主席，成员包括货币政策委员会主席、审慎监管局主席和金融行为局主席。金融政策委员会负责识别、评估、监测系统性风险，全面维护英国金融系统整体稳定。法案赋予金融政策委员会强有力的宏观审慎管理手段，包括指令权和建议权。2016 年再度变革，终结审慎监管局在英格兰银行的从属地位，融入英格兰银行内部。在英格兰银行的网页上，审慎监管占有最显赫的位置。

英格兰银行认为宏观审慎监管目标是为保证金融中介功能稳定。如果金融业的责任和文化规范遭到践踏，就会出现危机。[1]鉴于危机中救助苏格兰皇家银行和劳埃德银行集团所花费的高额代价，英格兰银行在强化宏观审慎监管中，敦促重要性金融机构的管理者在建立风险意识、公开和道德行为的金融业文化。通过最大的银行机构和监管者的持续努力，见证了零售服务业"围栏改革"（ringfencing）的成功[2]。自 2013 年开始持续到 2017 年对金融机构的压力测试中，所有被测试的金融机构均达到标准。

目前，PRA 强调的是英国银行业重点适应经营环境的变化，提高金融技术应用所带来的竞争压力，以创造性思维，思考经营模式如何适应形势的变化从而保持弹性。英格兰银行计划提供审慎监管标准和解决机制，从而维护受到科技创新冲击的银行能够保持足够强健的经营。PRA 的角色是理解和适应这种经营环境的变化，为维护公众利益提供实时的健康和动态审慎标准。

中国在宏观审慎政策方面的探索和创新成效显著，自 2016 年将差别准备金动态调整机制升级为宏观审慎评估体系（MPA）后，宏观审慎政策框架不断取得新的进展：2017 年第一季度将表外理财纳入广义信贷指标范围；2017 年第三季度将绿色金融纳入 MPA 信贷政策执行情况进行评估；在 2018 年第

---

[1]　Bank of England（2018），Prudential Regulation Authority Annual Report（1），1 March 2017 to 28 February 2018.

[2]　2008 年金融危机后，为避免在下一轮金融危机中再为过度冒险的大型金融机构的失败行为埋单，英国成立了银行业独立委员会，负责起草新的银行业改革方案，意在对英国现有的银行业经营体制和监管制度进行改革。2011 年 9 月，委员会提交了最终报告，提出了"围栏改革"的建议。为家庭和中小企业提供存款、贷款的金融服务被置于围栏之内。将英国零售银行与外部冲击和金融传染相隔离，这意味着许多金融服务和产品不允许在围栏内提供。当时建议的围栏改革实施时间是不晚于《巴塞尔协议Ⅲ》的生效时间，即 2019 年，已提前实现。

一季度的评估中把同业存单纳入同业负债占比指标，对资产规模 5000 亿元以上的银行发行的同业存单进行考核，对资产规模 5000 亿元以下的银行发行的同业存单进行监测。此后，中国人民银行将探索把影子银行、房地产金融、互联网金融等纳入宏观审慎监管框架，将同业存单、绿色信贷业绩考核纳入 MPA 考核①。

此外，面对国际资本跨境流动带来的风险，在稳步推进资本项目可兑换的大背景下，中国人民银行实施了跨境资本流动宏观审慎政策。央行官员潘功胜指出，中国的外汇市场曾经在一段时间内经历了高强度的冲击，中央银行采取了宏观审慎政策对跨境资本流动进行逆周期调节，比如采取全口径外债宏观审慎管理、征收银行远期售汇风险准备金、对境外机构境内存款执行正常的存款准备金率、在人民币兑美元中间价报价模型中引入逆周期因子等。2017 年以来人民币汇率预期比较稳定，跨境资本流动趋于平衡，在这样的背景下，宏观审慎的逆周期调节政策正在逐步退出。同时，外汇市场微观监管的着力点主要包括打击虚假欺骗性交易、地下钱庄，加强跨境收支的真实性申报，加强金融机构的合规性监管等，这些微观监管措施不会因周期变化而发生改变，它会保持在不同周期的标准一致性和稳定性。

货币政策和宏观审慎政策的互相补充和强化将有助于在保持币值稳定的同时促进金融稳定，提升金融调控的有效性，切实防范系统性金融风险。

中国经济正处于结构调整和转型升级的关键时期，结构性产能过剩比较严重，企业杠杆率仍然高企，商业银行不良贷款持续反弹，非法集资风险有所抬头，一些跨行业、跨市场风险及风险传染的隐患不能不引起关注，金融体系不稳定因素增加，金融稳定面临诸多挑战。全球经济仍处于深度调整和再平衡阶段，发达经济体复苏基础仍不稳固，新兴市场经济体总体表现疲软，国际金融市场波动有所加大，地缘政治风险增多，国际经济金融形势存在较大不确定性。中国坚持稳中求进的总基调，金融业改革不断深化，金融市场平稳运行，金融基础设施建设取得新的进展，宏观审慎政策框架不断完善。在世界经济缓慢复苏进程中，加大对经济转型升级的支持力度，提升薄弱领域的金融服务水平。金融机构的抗风险能力在累积，金融市场稳健运行，市场规模继续扩大，重要性金融机构如商业银行资本充足率、拨备覆盖率比较高，金融管理部门拥有更多的监管工具和手段。

---

① 易纲：《探索将影子银行互金等纳入宏观审慎监管框架》，载《中国金融》，2018－1－29。

在全球经济缓慢复苏的态势下，美国等主要发达经济体自 2015 年以来逐步退出量化宽松政策，意味着全球范围内的货币数量扩张和低利率告一段落。中国作为世界经济的一部分，也会受到一定影响。而从国内的情况来看，中国经济已经由过去的追求数量型增长转向追求高质量增长，经济增长模式发生改变，不能再依靠大量的资金投放来刺激经济增长。同时，中国广义货币的总量在经济体中已经相当大，可以通过提升资金的使用效率来拉动经济增长。也就是说，货币政策需要保持稳健中性，来支持经济的高质量发展。

作为货币政策的实施者和金融稳定的维护者，中国人民银行始终坚持金融服务实体经济的本质要求，不断改进和完善金融调控框架。一方面，根据经济金融形势和物价水平的变化，适时适度调整货币政策取向和力度，丰富货币政策工具箱，推动货币政策调控框架转型，为经济平稳健康发展和经济体制改革营造了适宜的金融环境；另一方面，面对金融市场规模剧增、金融创新不断深化、金融体系日趋复杂的新变化，从抑制杠杆过度扩张和顺周期行为的角度，构建宏观审慎政策框架，并将其作为金融调控的第二支柱，与货币政策相互补充和强化，形成了货币政策和宏观审慎政策双支柱调控框架。

当前，国内外经济形势越发复杂严峻，金融调控面临多方面挑战：全球经济不确定因素增多，主要发达经济体货币政策取向发生变化，其政治经济政策的溢出效应不容忽视；中国经济正处在转变发展方式、优化经济结构、转换增长动力的攻关期，债务水平和杠杆率水平依然较高，金融体系仍处于风险易发高发期。在这样的背景下，金融调控的政策思路成为公众关注的焦点。

新任中国人民银行行长易纲阐释了货币政策"松紧适度"的考量维度。其一，从对实体经济支持的角度看，货币政策借助结构性工具，使小微企业、"三农"等薄弱环节和创新领域等能够得到有效的支持，创造一个防风险并且能够平稳推进金融改革的外部环境，进而为中国经济从高速增长阶段转向高质量发展阶段，提供一个中性适度的货币金融环境。其二，从流动性角度看，保持银行体系流动性合理稳定，使得利率、超额准备金水平等各方面的指标维持在合理的范围内。

2017 年《政府工作报告》提出"保持广义货币 M_2、信贷和社会融资规模合理增长"，但是没有明确具体的数值。对这一变化，周小川曾做过精确的解释：M_2 指标口径总是在不断变化，不是一个精确衡量货币政策松紧的工具。货币政策的关注点应逐渐从广义货币的数量变化逐渐转到价格上来，通过统筹考虑价格水平和通货膨胀率来看待货币政策的松紧。

以广义货币供应量 M_2 为中介目标的数量型货币政策调控框架已经实行多年，但随着利率市场化的推进和金融市场的发展，这一目标的局限性开始显露出来。易纲指出，近年来 M_2 与经济走势的相关性变得比较模糊，有时候预测性也变得比较不确定。这种现象在全球普遍存在，所以，绝大多数国家都改弦更张，不再将 M_2 作为调控指标，而只是作为统计监测指标。盘活存量、优化货币信贷存量的结构，强化价格型调节和传导，有序推动货币政策调控框架，由以数量型为主向以价格型为主转型，方能适应新时代高质量发展的要求。

作为货币调控框架转型的重要条件，利率市场化改革亟待深化，继续探索利率走廊机制，增强利率调控能力。从改革方向上看，一方面，需要提升金融机构自主定价能力和风险管理水平，健全市场化的利率形成机制。另一方面，要完善利率调控机制，畅通央行政策利率的传导渠道。

中国金融监管体系历经数次变革，日臻完善。1992 年前实行中国人民银行大一统的监管模式，之后证监会、保监会、银监会分别于 1992 年、1998年、2003 年相继成立，逐渐确立了"一行三会"分业监管的金融监管体制。长期以来，这一监管模式在防范化解金融风险、促进金融业改革发展等方面发挥了积极作用。随着金融创新的加速推进，交叉性金融产品迅猛发展，金融业综合经营趋势不可逆转，传统的分业监管模式较难适应金融业态的发展现状，监管空白、多头监管同时存在，监管体系亟须完善。目前的重点是强化金融监管统筹协调，健全对影子银行、互联网金融、金融控股公司等的监管。

实际上，早在 2013 年 8 月，中国人民银行就牵头成立了金融监管协调部际联席会议制度，成员单位包括银监会、证监会、保监会、外汇局，必要时可邀请发展改革委、财政部等有关部门参加，原则上每季度召开一次会议，以加强协调监管、促进信息沟通。2017 年 7 月，第五次全国金融工作会议决定成立国务院金融稳定发展委员会。同年 11 月，国务院金融稳定发展委员会成立，作为国务院统筹协调金融稳定和改革发展重大问题的议事协调机构。根据新华社报道，其主要职责是：落实党中央、国务院关于金融工作的决策部署；审议金融业改革发展重大规划；统筹金融改革发展与监管，协调货币政策与金融监管相关事项，统筹协调金融监管重大事项，协调金融政策与相关财政政策、产业政策等；分析研判国际国内金融形势，做好国际金融风险应对，研究系统性金融风险防范处置和维护金融稳定重大政策；指导地方金融改革发展与监管，对金融管理部门和地方政府进行业务监督和履职问责等。

在 2018 年"两会"①期间提请审议的《国务院机构改革方案》中，金融监管机构的改革成为一大亮点。该方案将中国银监会和中国保监会的职责整合，组建中国银行保险监督管理委员会，作为国务院直属事业单位，其主要职责是，依照法律法规统一监督管理银行业和保险业，维护银行业和保险业合法、稳健运行，防范和化解金融风险，保护金融消费者合法权益，维护金融稳定。将银监会、保监会拟订银行业、保险业重要法律法规草案和审慎监管基本制度的职责划归人民银行，不再保留银监会和保监会。有鉴于 2008 年全球金融危机中 AIG 所留下的深刻教训，这种改革是具有恰当合理性的。

中国国内的重要保险公司在过去几年所热心操作的万能险，是银行业务的变相形式，短期的融资如同存款，投资长期的风险产品，这本不是保险公司基本的业务，是 AIG 曾亲历的风险赌博式的业务。如果保险公司脱离了它的本业，进入了短期融资并且长期风险投资而且还保证收入的状况，它们在做的实际上就是银行业务，将机构审慎方面的业务放到一个部门，即银保监会来监管便是非常恰当的方式。因此，表面上看银监会与保监会的合并是监管机构的调整，但实际上是监管模式的转化，是监管理念的突破。

此外，金融稳定与发展委员会落脚中国人民银行，凸显了中国人民银行将在新的金融监管框架中扮演重要角色。首先，金融监管体制出现了一些空白，需要尽快弥补；其次，金融监管规则出现了一些缺陷，需要增强金融规则的制定；最后，一些金融机构或者准金融机构的风险急需处置，以维持金融系统的健康发展。这就需要由中国人民银行牵头，增强金融机构特别是监管机构之间的协调，并提高协调的效率。周小川提出，中国金融监管机构改革主要依据在于中国国情，同时参考国际上各种不同的金融监管机构的设置，包括所谓的"双峰"监管体制，但是，最终采用何种监管模式仍有待观察。

穿透式管理可以视为宏观审慎监管的补充，或纳入宏观审慎框架。穿透式管理最初发端于美国和英国对保险和证券业的管理，后来又扩展至 FinTech 领域。在美国，以不同形式出现的 FinTech 金融业务均纳入相应的金融监管体系之中，由美国证监会进行管理。

---

① 即中华人民共和国第十三届全国人民代表大会第一次会议和中国人民政治协商会议第十三届全国委员会第一次会议。

在中国，证券市场处于发展时期，新的交易策略、交易平台、交易产品随时都会出现，复杂程度在加深。对于不断变化的系统要把握风险，对系统风险的判断和把握是非常困难的，因而也借鉴了英美穿透式管理的方法。所谓"穿透"，根据证监会2015年10月29日的窗口指导意见，定增时的穿透至少包含以下含义：（1）穿透披露至最终投资人，并要求合计不得超过200人；（2）董事会阶段确定投资者不能变为变相公开发行，不能分级（结构化）安排；（3）发行后在锁定期内，委托人或合伙人不得转让其持有的产品份额或退出合伙及发行对象，包括持有人，在预案披露后不得变更。

由此，"穿透式管理"构成了2017年的监管关键词，银监会、证监会、保监会在一些规范性文件中频繁提到"穿透"一词，穿透式管理也扩展到了很多层面。穿透式管理旨在打击滥用杠杆、利益输送、变相公开增发等违法违规行为，对理财产品合资管计划等定增通道实施穿透式管理的从严要求，按照风险可隔离、可计量、投资者可承受的监管路径设计，将资金来源、中间环节与最终投向穿透连接起来，以详细的信息披露替代模糊界定，以穿透核查最终投资者是否为合格投资者，使得最终出资方无所遁形，以助投资者更真实地了解项目情况，保护投注者的利益。穿透式管理已突破了原有的监管界限，不只应用于对保险行业的监管，而且几乎覆盖整个金融业。金融行业运行的特殊性，以及中国金融业的公司文化还缺乏历史积淀，金融行业治理乱象频发且短期内难以彻底改观，穿透式管理方法还有发挥的余地。

面对更加复杂的经济金融形势，再度推动金融改革开放，强化金融监管刻不容缓。宏观审慎政策框架，金融风险监测、评估、预警和处置体系构建，排查风险隐患，对跨行业、跨市场风险及风险传染的分析研判，防止监管空白和监管套利等成为保障金融体系稳定的必要之举。

第 10 章　防微杜渐

2018 年和 2019 年的预期发展势头最终将会放缓。天空依然晴朗，有几处乌云正在逼近，贸易冲突升级和金融市场波动带来下行风险。[①]

——拉加德

一国的金融体系建筑需要与经济体系相适应，同时确保效率与稳健。中国金融业的改革一直在配合经济体制 40 年的改革和对外开放政策，循序渐进，维护金融体系稳定的目标。自 2015 年以来，面对错综多变的国际形势和艰巨繁重的国内发展改革稳定任务，中国宏观经济运行总体平稳，金融业改革全面深化，金融机构实力进一步提高，金融市场规范创新发展，金融基础设施建设扎实推进，金融体系总体稳健，服务实体经济能力继续增强，货币金融环境基本稳定。尽管如此，中国的金融风险仍面临着前所未有的复杂局面。

温和经济中的忧患

10 年的恢复使得市场保持了相对的平静与稳定，"温和经济"（Goldilocks economy）的现状还能维持多久？可否在平稳过渡的同时免遭另一个"明斯基时刻"的冲击？Silva and Schanzl（2018）[②]对世界经济的当前状态做了分析后提出，产权市场波动再现，如果市场价格下跌加速，就有可能触发放大金融压力的风险机制，从而将货币当局置于两难处境——要么干预市场，向投资者发送央行支持市场的信号，削弱风险的放大效应；要么由市场自我调节，

---

① 拉加德（2018），全球经济的当务之急，拉加德在香港与华盛顿春季年会上的演讲，2018 年 4 月 11 日。

② Luiz Awazu Pereira da Silva and Jochen Schanzl（2018）. How to transition out of a "Goldilocks economy" without creating a new "Minsky moment"? On the occasion of the National Bank of the Republic of Macedonia/Reinventing Bretton Woods Committee Joint conference on "Monetary policy and asset management. Skopje", 16 February 2018.

促使投资者在市场进入下滑轨道之前进入市场。这是考验和见证决策者管理艺术的时刻。

如果经济增长表现脆弱，金融部门高度杠杆化和流动性不足，货币当局仅仅作为旁观者任由市场自我运行，将是极大的风险，尤其是在货币政策、财政政策和宏观审慎监管政策几乎没有消解金融压力的持续性实际效应时，风险的放大效应将更加明显。

因此，近期的经济调整可能出现的场景有两种，一种是稳健的矫正，另一种是迅速转向。第一种场景基于通货膨胀和通货膨胀预期保持锚定状态。由于2007—2008年金融危机对通货膨胀在决定提升就业和消费以及利率对维持储蓄和投资平衡等有着深刻的影响，而且在许多国家，通货膨胀对实体经济的敏感性趋弱，利率的中性倾向也有改变，因而，发达国家货币政策的扩张性有所缓和，呈现渐进的正常化。央行的干预强调渐进性和可预见性。还有一些迹象支撑这种场景出现的可能性，即银行部门通过提高资本化水平、降低杠杆率、实施零售导向的经营模式和相对稳定收入来源而增强稳健性。

然而，巴塞尔委员会的调研显示，市场参与者的通货膨胀预期升高，或动态的通货膨胀不确定性增加，而且美元的贬值也是影响通货膨胀预期的一个因素。有鉴于美国金融条件收紧，迅速反弹的另一种场景就可能出现：包括外汇市场在内的金融市场出现动荡，美元将会升值。从以往的经验看，强势美元总是和趋紧的金融条件相关，尤其是在新兴市场上。如此一来，新兴经济将面临资本外流和市场压力。在这种场景下，风险循环放大的负面效应对全球金融稳定是一种威胁。

IMF在2018年的《全球金融稳定报告》[①]中重申2017年10月金融稳定报告所强调的重点，即宽松金融状况导致的中期增长风险仍大大高于历史标准。美国金融状况的收紧将对其他经济体产生溢出效应，渠道包括流向新兴市场的资本减少。风险资产的估值依然居高，出现了一些信贷周期后期的现象，令人想起危机爆发前的情况。当前，市场所面临的潜在风险是金融条件大幅收紧，以及随之而来的风险溢价的突然调整和风险资产的重新定价。此外，流动性错配以及利用金融杠杆提高收益，会加大资产价格变动对金融体系的影响。从全球来看，信贷配置的风险在全球金融危机发生的前几年中已有所增加，并在危机爆发前不久达到峰值。信贷配置的风险在危机后急剧下降，

---

① IMF（2018）. Global Financial Stability Report, April 2018：A Bumpy Road Ahead?

并在能获得全球可比数据的最新一年（2016 年）回升至其历史平均水平。随着 2017 年金融环境变得更加宽松，信贷配置的风险也可能进一步上升。同时，对技术变革和全球化的担忧在加剧。

根据 IMF 的最新分析，历经十年宽松的金融环境之后，2016 年全球公共和私人债务上升到了历史最高水平——164 万亿美元。目前的全球债务水平比 2007 年的水平高 40%，相当于全球 GDP 的 225%。债务累积的一项主要驱动力来源于占债务总量三分之二的私人部门，而发达经济体的公共债务达到了第二次世界大战以来前所未有的高水平。如果近期趋势不变，那么许多低收入国家将会面临不可持续的债务负担。高额的债务负担导致政府、公司和家庭更容易受到突如其来的金融状况收紧的冲击。这种潜在的转变可能会在新兴市场引发市场回调、债务可持续性问题以及资本流动逆转。

然而，财政政策施展的调节空间是有限的。除上述困境之外，如果考虑到债务限制对宏观经济和金融条件的敏感性，大量或然债务的存在，以及未来预算的压力，例如，老龄化社会所带来的潜在低增长率和社会保障负担将产生预算赤字；气候变化对生产能力和基础设施的严重破坏对财政的需求等，这一切不仅限制了财政政策的调节空间，而且会影响到金融市场，放大金融风险。货币政策的空间取决于市场对主要国家央行货币政策的正常化和渐进性的评估，尤其是资产交易和收益的波动性水平的管理，能够在短期内承受对通胀目标的超调，更多的是取决于中期内央行政策的可行度和可持续性。相对于有限的财政政策和货币政策调节空间，审慎监管政策的空间在危机后的 10 年有了更大的施展余地。《巴塞尔协议Ⅲ》提供了更为充分的应对工具和建议，但实施的能力和程度在不同类型的国家中很不平衡（Silva and Schanzl，2018）。

我们所面临的金融市场和世界经济充满着越来越多的不确定性。驱散市场上空的乌云，维持金融体系的稳定，从当前的温和经济状态走向持续的经济增长与发展的同时，避免触发另一个"明斯基时刻"，这对货币当局和所有的市场参与者而言都是一个严峻的挑战。

回想一下 2007—2008 年的金融大动荡，触发点在于住宅市场的无序和混乱。尽管有很多迹象，即使有过警告的声音，金融市场的守门人几乎都是置若罔闻，"明斯基时刻"最终来临。用历史和现实的眼光来观察当下的中国房产市场，泡沫显而易见，房价虚高和市场持续过热隐喻着极大的银行系统性金融风险的隐患，如何清除隐患，是监管部门、金融界和学术界共同的责任。

洞识风险

经历了 10 年的恢复，全球经济仍面临下行风险，尽管眼前似乎风平浪静。美国退出量化宽松的货币政策，结束了一个时代。美元的升值和新兴市场经济体货币的相应贬值，导致新兴市场国家美元负债急剧增加，提高了金融风险。

第一，尽管加息是逆周期行为，但如果不能够实现软着陆，加息抬高了借贷成本，就会引起消费和总需求下降。第二，随着利率的上升，房贷利息成本和投资机会成本都会上升，提高了投资者的投资回报预期。随着利率由短期利率到长期利率的提升，股票和债券资产等吸引力降低，引发抛售，从而出现资产价格下跌或泡沫破裂。第三，美元利率上调吸引美国的资金回流，将导致新兴市场的货币贬值，这条危机的通道有可能扩散，在新兴市场引发系统性危机或区域性危机，也包括债务危机。美元从这些国家金融市场的抽离，也可能导致新兴市场资产价格泡沫破裂。第四，"拥挤交易"反转形成踩踏。例如，美元利率上升之后伴随着的是流动性收紧，很多的交易预期就发生变化。投资者本来都在寻求更高收益的资产或者做同样类型的交易，一旦交易预期发生反转，纷纷落荒而逃，踩踏交易产生巨大的连锁效应。

由此，美联储加息或将导致另一场危机或经济衰退，这是美联储加息影响世界经济的理论逻辑（孙明春，2018）[①]。

联合国《2017 年世界经济形势与展望》[②] 倡导，各国政府应着眼于长期内有可能阻碍持续性发展的因素，例如，主要国家的政策不确定性和欠发达国家的制度缺陷。发展中国家需要更多的金融资源来支持经济增长和制度改革以及维护环境的可持续性。现有经济状况对贸易政策的改变和全球金融条件的突然恶化以及地缘政治紧张局势加剧等的反应能力依然是很脆弱的，不利于投资和贸易的反弹。这需要政策的调整和再定位，增加经济发展的多元化，降低不平等，加固金融建筑和处理制度缺陷。就金融领域而言，需建立一个新的可持续金融框架，并逐步从目前短期利润的侧重点转向以履行社会和环境责任的方式创造长期价值的目标。通过宏观审慎政策与货币、财政和外汇政策的良好协调，促进金融稳定和遏制金融风险的增加，以支持上述目

---

① 孙明春：《金融宏观风险与机遇》，载《大金融思想沙龙》，总第 96 期，2018 年 6 月 9 日。
② World Economic Situation and Prospects，2018. https：//www. un. org.

标的实现。

中国在此既定的世界经济环境下，首先要识别宏观金融风险，进而有的放矢进行管理。有关中国目前所面临的金融风险，学界、政界和金融界众说纷纭，各抒己见。

Sheng & Geng（2018）[1]认为，对中国而言，在大规模社会变迁和全球颠覆性技术革命的冲击之下，只有通过强有力的、持续的和全面的改革才能够成功地处理中国所面临的多重风险，而核心的风险点之一在金融领域。中国金融体系一直是以银行融资为主导，银行融资的特征是借短贷长，易发生期限错配，尽管巨额的外汇储备可避开期限错配；由于中国长期资本和股权市场尚不发达，信贷占 GDP 的比例从 2008 年的约 110% 上升至 2017 年的220%，表明债务融资和股本融资的错配与不平衡；此外，极低的名义利率和相对较高的投资者权益回报率之间的错配导致大量投机性投资和收入不平等的加剧。除了货币错配以外，中国所面临的三种错配均为金融危机的源头。中国在经济转型过程中所出现的这些宏观层面的结构性风险，与另外两种周期性宏观经济风险，即发达市场经济的商业周期和欠发达非市场经济体转型过程中经历的周期交错反复，又无可避免。所以，必须摒弃扭曲的激励机制，寻求有效的管理风险和风险分担的途径，提高实体经济和金融体系的坚韧性。

王永利（2017）[2] 在其新作中提出需要关注的三大风险，即债务风险、房地产风险、大规模资金外流风险，这三大风险相互关联。就债务风险而言，2016 年底，中国的本外币的住户存款已达 65 万亿元，减去贷款后余额 26.28万亿元，这一数字低于 2014 年和 2015 年，连续三年呈现的是负增长的趋势。在大量的间接融资、高负债率和较大的货币总量的背景下，依然存在结构性的融资难和融资成本高企的问题，此为风险隐患之一；房地产作为重大风险之一是不言而喻的。房地产的快速增长，已经吞噬了居民财富的近 70% 和银行新增存款的大部分。房地产聚集了太多的债务和社会风险，一旦出现波动，后果难以设想。第三大风险为资金外流。40 年的改革开放，地方政府奉招商引资为时尚。风平浪静时，大量的国际资本进入中国，但有风吹草动，"热钱"迅速抽逃。货币与资本市场随之波动。在非常关键的调整转型时期，必须高度关注和应对此类风险。

---

①　Andrew Sheng and Xiao Geng（2018）. 管理中国的全球风险. Project Syndicate，May 29，2018.

②　王永利：《穿越危机——世界剧变的中国选择》［M］. 北京：中信出版社，2017 年 12 月。

在 IMF 的《2017 年全球金融稳定报告》中特别提到有关中国的去杠杆化问题。由于中国在世界经济舞台的角色和影响,中国经济的稳健增长和金融政策的紧缩引起了普遍的关注。国际社会担忧的是,中国在短期内会对全球经济增长产生下行压力和负面的溢出效应。尤其是金融体系的规模、复杂程度和增长规模增加了金融稳定的风险。一个人不可能因单层公寓的倒塌而受到多大伤害,然而摩天大楼的倾覆则可夺人性命。降低杠杆比率的举措一定是沿着正确的方向在移动。目前,世界各国都在讨论有关更高的资本金要求和更低的杠杆比率,这是一枚硬币的两面。

中国银行业资产占 GDP 的比例从 2012 年的 240% 提高到了 2017 年的 310%。另有大量短期资金使用的增幅和影子信贷加深了银行业的脆弱性。货币当局面临着收紧金融部门政策和放慢经济增长之间的权衡。这对中国央行的货币政策选择和监管当局的宏观审慎政策是又一个严峻的挑战。

全球金融危机揭示了一个事实:即使是较小市场的扰动也会严重损伤金融体系的稳定,市场和政策的不确定性,以及各经济体金融体系的脆弱性有不同的特点和表现,使得各市场和金融机构间的关联很难预测。

央行和金融监管部门需要监测的领域很广,包括金融机构、金融市场、房地产市场、影子银行、交易所买卖基金(EGFs)、外汇市场,甚至还有加密货币等(Silva and Schanzl, 2018)。聚焦何处才有可能触发和放大初始冲击的某种金融结构?杠杆已被确认为具有放大效应的一种途径,那么其他领域我们了解多少?比如,算法交易和消极投资战略是否更易引致金融市场上的"羊群效应"?资产管理者是否可通过增加现金持有而不是减来应对投资者的赎回行为?在非流动性资产基础上提供即时流动性的基金能否被证明是脆弱的?决策者不可能排除金融条件突然紧缩的场景。

这些问题尖锐而深刻,除了面对,别无选择。在短期内,只有尽可能应用迄今为止有利的环境来强化政策缓冲;长期内,深化结构改革。

明斯基在金融不稳定假说中坚持决策者要重点关注金融体系的改革以及如何为实体经济服务,而不是放松管制动摇金融稳定。因为他坚信,经济在发展,相应的经济政策同样要进化。诸如重构导致过度冒险的投资机构的薪酬条件;限制不负责任的贷款而不是排除信誉卓著的借款人;保护掠夺性经营的受害者而不是救助不可靠的放款人;信用评级机构应维护债券评估的公信力等,都应该在金融体系改革的重点之列。而这些复杂的问题很难用简单的方法来解决。

IMF 总裁拉加德拉认为，利用宏观经济工具极为重要。但是这还不够。关键在于通过增加企业和银行业部门缓冲的方式，加强金融稳定性，尤其是在中国和印度等大型新兴市场国家。这意味着在必要时减少企业债务，以及充实银行资本并提高流动性。鉴于世界各主要城市的房地产市场发展步调日趋一致——这有可能会放大源于任何一个国家的金融和宏观经济冲击，同样也构成需要全球政策缓冲的原因所在。政策缓冲对多数经济体来说，意味着减少政府赤字，巩固财政框架，以及将公共债务推入逐步下降的轨道。

为此，应当寻求一种有利于经济增长的途径。首先，提高支出效率和采用累进税制。其次，提高汇率灵活性，以应对波动起伏的资本流动，尤其是在新兴市场和发展中国家。再次，必须保障金融体系的安全，防止自全球金融危机以来设立至今的监管框架出现倒退，以增加资本和流动性缓冲。最后，国际监管框架必须与快速发展变化的 FinTech 格局保持同步以阻止新的风险出现，同时发挥 FinTech 的潜能。为此，建立一个更为强大的全球金融安全网是非常必要的。

从长远看来，一个开放的中国金融体系将有助于金融业的创新和有序竞争，建立有效和健全又具有包容性的金融服务体系，适应经济可持续增长的要求。

在博鳌亚洲论坛 2018 年年会上，中国人民银行行长易纲对中国年内金融业开放举措列出了清单，包括取消银行和金融资产管理公司的外资持股比例和限制，内外资一视同仁；将证券公司、基金管理公司、期货公司、人身险公司外资持股比例的上限放宽到 51%，三年后不再设限；对合资证券公司放松境内股东要求；完善内地与相关两地股市互联机制；允许符合条件的外国投资者来华经营保险代理业务和保险公估业务；放开保险外资经纪公司经营的范围等。

上述开放金融业的目标与 FSB 倡导的综合改革的目标是一致的，即维护全球金融体系的开放和一体化，有助于降低全球范围内由于金融危机所造成的金融市场分割。

国际清算银行 2017 年 6 月 18 日发表的第 87 届年度报告中为协调全球化与金融稳定提供了指南。报告列举了金融危机传播的主要来源。其一，资本是高度流动并且是顺周期的，因而放大了波动效应。其二，对美元的过度依赖增加了这些国家的货币风险。其三，金融机构之间的强相关是危机和任何非预期压力传递的根源。从更实用的角度来看，这种分析说明放松金融管制不应与全球化的增强同步,因为这样会瓦解刺激经济增长的基础。当然,对于自我实现的金融危机而言,金融监管还不足以阻断危机的实际传递。一个可能的解决方法是,从全球化所产生的额外增长中提取一笔金融稳定基金,当面临系统性金融危机的威胁时,将这笔基金用于银行或其他金融机构的再融资。

在全球化的逆流中,中国坚持金融业对外进一步开放,公众对此产生的疑虑和担忧是可以理解的,但开放的底气在于信念,即中国掌握着金融监控的主动权,重要的是监控能力的提高和监管手段的完善。

当然,在开放的同时重视防范金融风险,审慎监管,使得金融的监管能力与开放的程度相匹配。通过加强金融监管,有效化解金融风险,维持金融稳定,提升中国金融业的竞争力,从全球化中趋利避害,获取更大的收益。

前世界银行行长佐利克在谈到如何预防再次发生金融危机时指出,中国政府试图去解决一些金融领域的市场风险,比如说最近的投资风险以及资产管理市场风险,这种必要性是非常容易理解的。中国的金融风险是完全可以管理好的。

开放金融市场看起来使得风险容易传导,但是风险也必须在继续开放的金融市场中去解决。资本市场全球化同时也给全球带来了非常多的机会。观察一下债券市场就不难看出,对于任何企业来说,如果要融入全球化从中获益,就必须参与到中国和美国的市场当中,中国必将成为全球最重要的市场。其实,在一个市场信息透明、各种制度健全的情况下,市场通常运行是平稳的,不会出现异乎寻常的大起大落;反之,信息不全面,投资者不了解某些公司的价值,导致众多非理性行为,这对市场是极为不利的,明斯基的信用周期模型所揭示的循环场景就有可能重现。

后序：底线思维

我们不能认为过去的危机是最后一次，不可掉以轻心。我们总是处于危险的周期之中，监管者固然能够管理好其中的某些风险，但因为一些已知和未知的原因，潜在的市场风险往往无法及时识别和预警。①

——佐利克

守住不发生系统性金融风险的底线，这一理念已经深入人心。中国人民银行前行长周小川（2017）认为，守住这一底线，就是要重点防止"明斯基时刻"出现所引发的剧烈调整。全球有一个共同取向，是防止恶性通货膨胀和资产泡沫剧烈调整带来的风险。各国系统性风险点不同，资产泡沫可能来自股市、楼市或影子银行。而对新兴市场和转轨经济而言，系统性金融风险是由于金融机构的不健康。如果经济中的顺周期因素过多，导致市场过于乐观，矛盾积累到一定程度便可能触发"明斯基时刻"。需推动供给侧结构性改革和控制杠杆率的提高来保持稳健的增长。

中国是否面临"明斯基时刻"？余永定（2017）②在谈到资本外流与金融风险防控时强调，只要资本外逃这条道路被切断，中国爆发金融危机的可能性就会大大地消除。目前中国的股市，债市和银行业资产配置并未构成进入"明斯基时刻"的充分和必要条件，即金融资产价格暴跌，货币市场流动性枯竭，资本金无法得到补充。只有当这三个因素相互作用，形成恶性循环时才会最终导致金融危机的爆发。即使其中任何一方产生问题，仍有足够的手段和空间来应对可能出现的局面。因为中国目前利率的变化方向同美国当年进入"明斯基时刻"前的利息率变化轨迹有显著差别；中国2008年以来信贷和债务水平的急剧增长是在特定的经济结构转型背景下由政府主导以国有企业

---

① 罗伯特·佐利克：《坚持开放共赢理念——访世界银行前行长》，载《中国金融》，2018年5月16日。

② 余永定：《中国暂未逼近"明斯基时刻"》，载《财经》杂志，总第516期。

和地方政府融资平台为主体的加杠杆，是防范危机的措施。中国杠杆率上升的性质更接近于发达国家在金融危机后的经济刺激措施，而不是金融危机前私人部门的加杠杆进程。2015年出现的庞氏融资和影子银行的猖獗通过缩短同业链条、减少多层嵌套等整顿措施已明显减弱，从而从危机边缘撤离。但这并不意味着中国消除了发生金融危机的可能性。为防止"明斯基时刻"的到来，应该坚持资本管制、抑制杠杆率上升、控制地方政府债务和压缩影子银行套利空间，防范系统性和区域性金融风险，守住不发生系统性金融风险的底线。

2018年4月的博鳌亚洲论坛上，曾有一个主题为"金融的风险：'黑天鹅'与'灰犀牛'"的分论坛，历数全球范围内存在的"黑天鹅"与"灰犀牛"。诸如特朗普的施政方针、俄罗斯的地缘政治、各国政府债务堆积过高、全球市场的四分五裂等，都有可能是下一次出现的"黑天鹅"或"灰犀牛"。

"黑天鹅"（black swan）指极难预测且不寻常的事件，通常会引起市场连锁反应甚至颠覆整个市场。它在意料之外却又改变着一切。类似的场景描述还有"蝴蝶效应"（The Butterfly Effect）所指代的混沌想象，即在一个动力系统中，初始条件下微小的变化能带动整个系统的长期的巨大的连锁反应。观察银行业和金融市场的沉浮，这是不难理解的。如果说"黑天鹅"是界定那些较小概率的事件，那么"灰犀牛"（grey rhino）是指概率极大、冲击力极强却被忽视的风险。美国经济学家米歇尔·沃克（Michele Wucker）于2013年1月在达沃斯全球论坛上使用了这一概念，并著书立说《灰犀牛：如何识别和应对被我们忽略的大概率风险》[①]。如今，人们沿用"黑天鹅"和"灰犀牛"来形容金融领域中概率或大或小的事件，前者如英国脱欧，债务违约；后者如股市崩盘、美国次贷危机、欧洲主权债务危机等。从这个意义上说，"黑天鹅"和"灰犀牛"所做的陈述是对明斯基信用周期过程所经历的场景和"明斯基时刻"的另一种诠释。

中国存在的金融风险隐患也是近年来从官方到金融业乃至民间热议的话题。

2017年7月17日《人民日报》头版以《防范化解金融风险》为题发出警示：防范金融风险，增强忧患意识。金融领域风险点多，涉及面广，隐蔽

---

① Michele Wucker. The Gray Rhino：How to Recognise and Act on the Obvious Dangers We Ignore. St Martin's Press，2016.

性、突发性、传染性、危害性强，需审慎管理，既防"黑天鹅"，也防"灰犀牛"。尤其是要严密防范化解流动性风险、信用风险、影子银行业务风险、资本市场异常波动风险、保险市场风险、房地产泡沫引发金融风险，切实防范金融网络技术和信息安全风险。王志军（2017）[1] 在同年的国务院新闻发布会上也强调要化解"灰犀牛"风险隐患，除了上述风险之外，国有企业高杠杆、地方债务、违法违规集资等也需予以关注。因为"黑天鹅"和"灰犀牛"这两类事件都有可能冲击金融风险的底线。

那么，要有效地应对这些金融风险，在国家层面，各国央行和监管机构需要有新的管理思维和理念，相互学习，在为 FinTech 创新提供便利的同时识别各类创新金融产品和服务及相对应的风险，强化监管。比如英格兰银行的"监管沙箱"，哈萨克斯坦所建立的特殊管辖区等所做的样本式监管，都是探索化解金融风险的有效途径。

在国际层面，各国央行需要在国际金融机构的协调之下通力合作。显然，"灰犀牛"金融风险隐患在全球主要国家都是普遍存在的，因而成为国际社会普遍关注的问题。除了上述隐患之外，许多国家债务水平的上升，主要货币汇率的剧烈波动，主要国际势力之间的冲突，以及热点地区的紧张局势，无论是来自经济或政治领域的冲突和矛盾，都可能引发金融风险，阻碍本已缓慢的经济增长。发达国家在后危机阶段实施的量化宽松政策所释放的货币以股市、债市和房产市场资产泡沫的方式累积，成为巨大的金融风险隐患。美联储资产负债表的收缩（shrinking of balance sheets，缩表）已在许多国家的资本市场引起大幅波动[2]。

我们目前所面对的金融体系较之明斯基所处的时代更为复杂。尽管道路曲折，但金融与经济的全球化已经成为一种趋势。金融危机在局部和全球的扩散、传染在 1997 年的亚洲金融危机和 2007 年的次贷危机中表现得非常充分。因此，维持金融稳定需要在监管规则上内外兼顾和全球范围内的合作。然而，外来的冲击是通过内部的循环而发生作用的。如果一个经济体的金融体系是健康和稳定的，就可以抵御至少是减弱外来冲击对经济体的伤害。

理论是灰色的，生命之树常绿。明斯基身后的时代已经有了更大的变化，但是他思想的力量和预见性并没有减弱。如同其他任何一种理论和学说都不

---

① 王志军：《摸清房地产泡沫等"灰犀牛"风险隐患》，中国经济网，2017 年 7 月 27 日。
② He Yafei. Tackle "gray rhinos" before it's too late.（2017）China Daily, 11 November 2017.

可能穷尽后人的探索之路，明斯基的理论同样有一定的局限性。然而，他的金融不稳定假说的精髓道破了信用周期的实质，他所阐述的基本观点是进一步拓展研究的基础，并将随着金融现实世界的多彩纷呈而使得理论拓展更加丰富。

面对当今世界复杂纷繁的金融现象，学术探讨和理论研究可以设计尽可能完美的框架，采用复杂的模型进行参数估计和假设检验，在有限的数据中精确地测定系数。无论是数理分析还是实证检验，抑或是案例实证和比较分析，实证分析有助于我们认识和理解金融现象之间的关联和事物发展的规律，让我们接近一个客观的真实世界。其中的启示具有决策参考的价值。在社会科学的案例中，历史可以提供真实的实验室，然而，外部的环境和条件已经变换且不可控。无论如何，社会科学家很难做到自然科学家的实验性操作。自然科学的实验中，结果与理想的差异可以用无数次变量的矫正实验来纠正，直到取得满意的结果，而且不至于造成难以预见的损失和传染效应。社会科学的实验却无法做到。金融与经济的改革是一场社会的革命，结果可以距离理想很近也可以很远，但它的传染效应则是即时快速和难以挽回的，那么最佳的选择是小范围试验，成功后推广，即使失败也不会招致很大的损失。"完全理性市场"从来都是也只能是一种理想的理论模式或纯粹抽象的产物，我们只需要明确方向，而途径可以是千差万别的。

谁也无法预料下一个"明斯基时刻"将在何时何地出现，可以肯定的是，在高度相互依存的世界经济中，危机一旦出现，将波及全球各个经济体，极难幸免。跨越"明斯基时刻"的可能性存在于所有利益攸关者有准备的头脑和布局中。从货币当局到市场参与者所能做的是，前者以防范系统性金融风险和健全金融体系为己任，后者树立理性而健康的经营和投资理念，认真识别和对待每一个风险点，那么就可能跨越也许随时都会出现的"明斯基时刻"。